ナルコ回廊をゆく

メキシコ麻薬戦争を生きる人々

山本昭代
Yamamoto Akiyo

風詠社

目次

第3章　女性殺人の街はいま——シウダー・ファレス

第4章　自警団のたたかいとその後——ミチョアカン州「熱い土地」……127

メキシコ合衆国

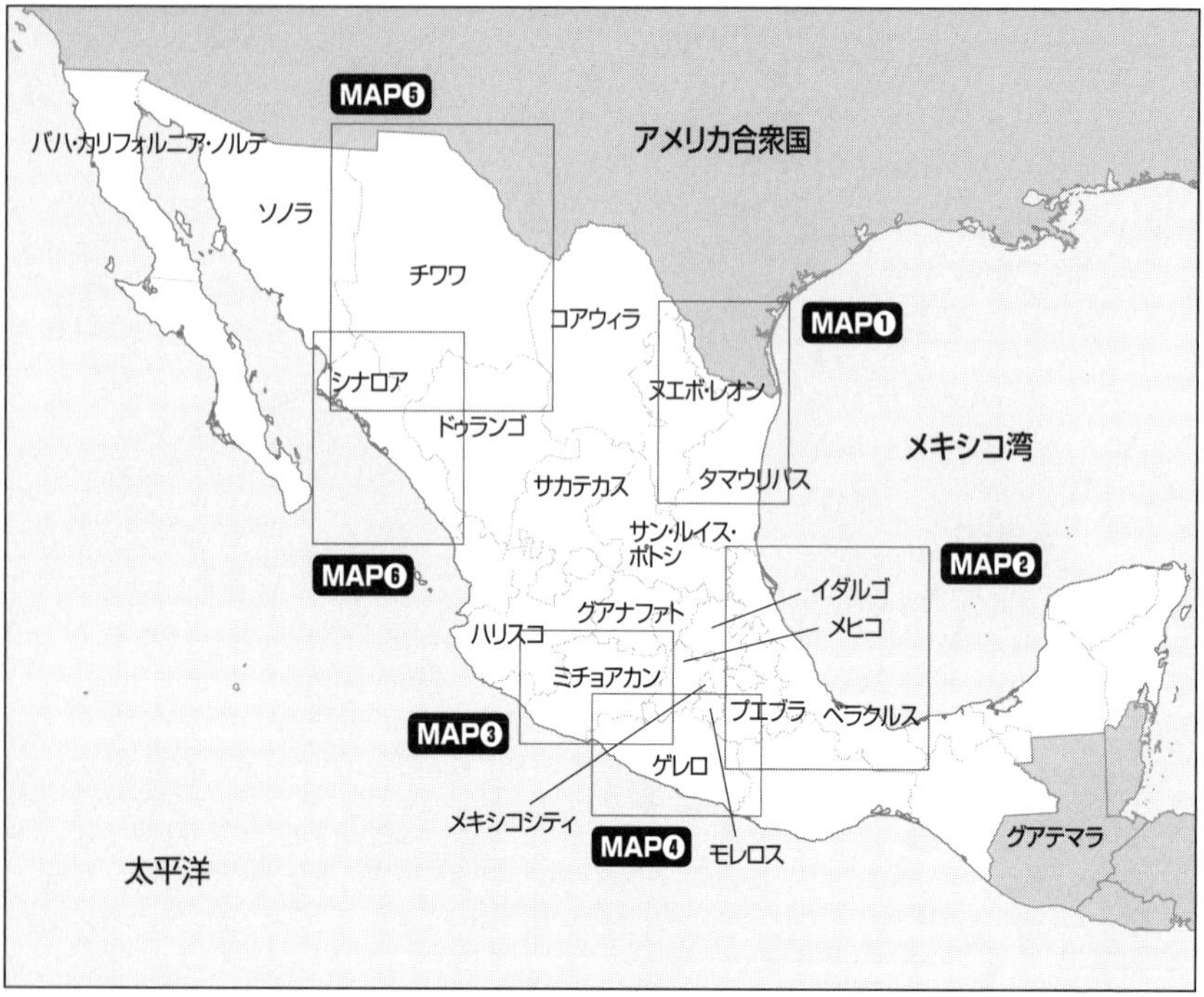

MAP❺
バハ・カリフォルニア・ノルテ
アメリカ合衆国
ソノラ
チワワ
コアウィラ
MAP❶
シナロア
ヌエボ・レオン
ドゥランゴ
メキシコ湾
サカテカス
タマウリパス
サン・ルイス・ポトシ
MAP❻
MAP❷
イダルゴ
グアナファト
メヒコ
ハリスコ
ミチョアカン
プエブラ
ベラクルス
MAP❸
ゲレロ
メキシコシティ
グアテマラ
MAP❹
モレロス
太平洋

MAP❷

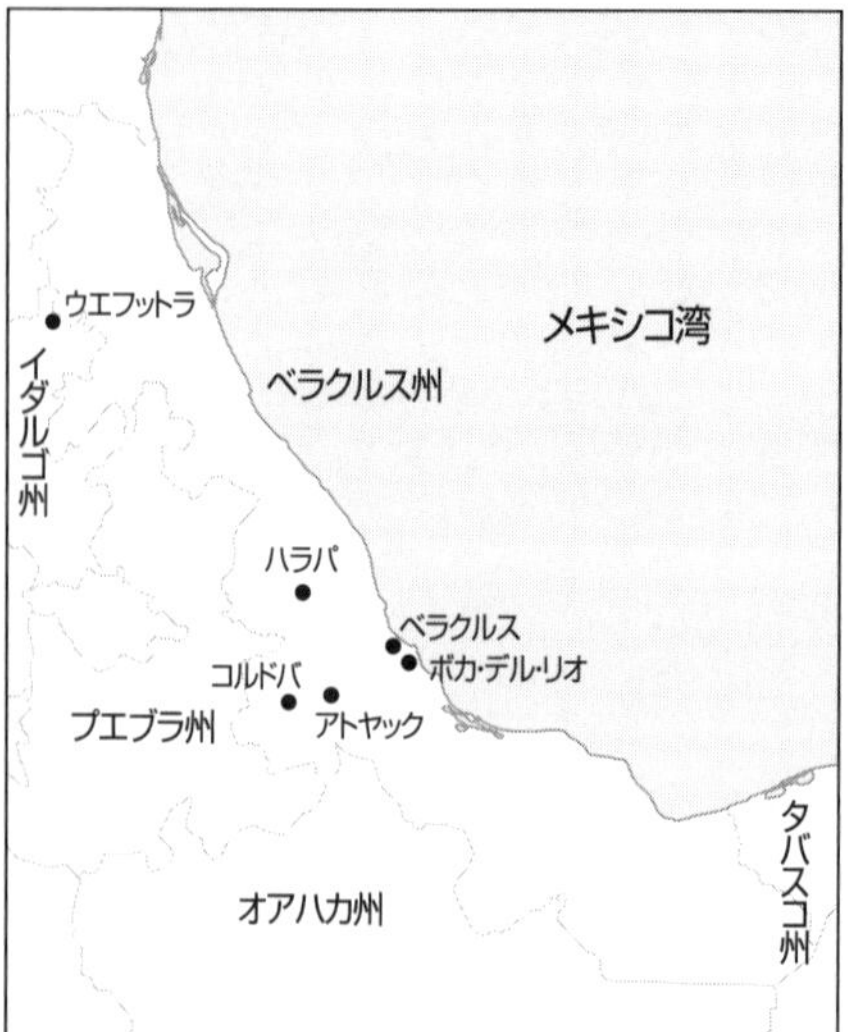

ウエフットラ
メキシコ湾
イダルゴ州
ベラクルス州
ハラパ
ベラクルス
ボカ・デル・リオ
コルドバ
アトヤック
プエブラ州
タバスコ州
オアハカ州

MAP❶

ラレド
ヌエボ・ラレド
アメリカ合衆国
マッカレン
レイノサ
ヌエボ・レオン州
マタモロス
モンテレイ
タマウリパス州
メキシコ湾

MAP❺

エルパソ
シウダー・ファレス
アメリカ合衆国
ソノラ州
チワワ州
チワワシティ
クァウテモク
ウリケ
コロラダス・デ・ラ・ビルヘン
コアウィラ州
シナロア州
ドゥランゴ州

MAP❸

グアナファト州
ミチョアカン州
ハリスコ州
チェラン
モレリア
コリマ州
ブエナビスタ
パツクァロ
テパルカテペック
ウルアパン
メヒコ州
アパツィンガン
アギリージャ
ラサロ・カルデナス
ゲレロ州

MAP❹

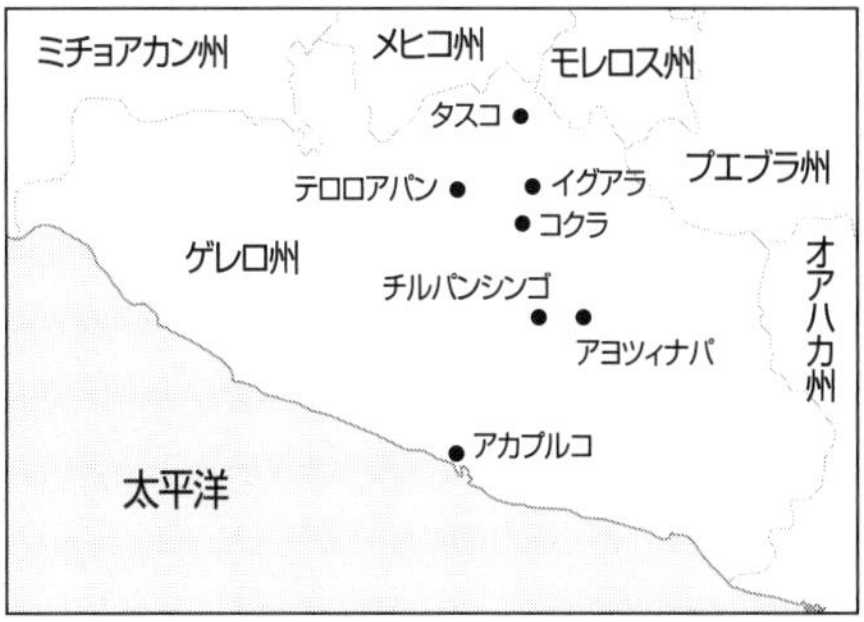
ミチョアカン州
メヒコ州
モレロス州
タスコ
プエブラ州
テロロアパン
イグアラ
コクラ
ゲレロ州
チルパンシンゴ
オアハカ州
アヨツィナパ
アカプルコ
太平洋

MAP❻

ソノラ州
チワワ州
エル・フェルテ
サン・ブラス
ロス・モチス
バディラグアト
ドゥランゴ州
クリアカン
太平洋
シナロア州
マサトラン

メキシコ　黄金の三角地帯

ソノラ州
チワワ州
シナロア州
ドゥランゴ州
黄金の三角地帯
ミチョアカン州
メヒコ州
ゲレロ州
小黄金の三角地帯

プロローグ

「息子が家で、妻と幼い子どもとくつろいでいたとき、突然、武装した集団がトラックで乗り付けて来た。息子を引き立てて行き、『彼はこれから国のためにたたかうのだ』とリーダーらしき男はいった。『いつ帰してもらえるの？』息子の妻は男にすがりつくようにしてたずねた。『そのうちに』。それきり、もう3年になるが息子は帰ってこない。その地区では、若い男たちが次々、同じように連れ去られ、行方不明になっている…」

メキシコの東沿岸の港湾都市ベラクルス市郊外に暮らすある女性は、こわばった面持ちで体験を語ってくれた。犯罪集団による、恐ろしい強制リクルートである。犯罪組織間の抗争が激しい地域では、若い働き盛りの男性や、ときには未成年者を、路上や自宅から、いきなり拉致していくことが頻発している。組織が自分たちのために奴隷的に働かせるためである。若い女性が連れ去られることもある。戻ってきた人は、誰もいない。万が一、運よく逃げ出すことができたとしても、組織の報復を恐れて、名乗り出ることはまずないのだ。

麻薬密輸組織が、「国のためにたたかう」とは、なんと皮肉な口上だろうか。残虐な敵対組織をつぶすことは国の平和のためなのだ、と犯罪者らは新兵に説いているのかもしれない。世界の各地で起きている国家間の戦争や内戦においても、若い兵士らは大義を説かれ、逃げたら殺すと脅され、殺戮と略奪に駆り出されるのだ。一握りの権力者や資本家の支配欲や利権のために。

メキシコの麻薬戦争においても、組織が犯罪行為から得る資金のかなりの部分が、中央や地方の治安当局者や政治家の手に渡り、選挙資金にもなっている。暴力と違法行為が生み出す巨額のブラックマネーが、政治と経済のあらゆる部分に浸透していることが、終わらない戦争の背景にある。

メキシコが「麻薬戦争」と呼ばれる暴力的な状況に陥って、すでに久しい。この「戦争」は、2006年12月、当時の大統領が麻薬密輸組織を撲滅すると宣言し、始まったとされる。その頃に生まれたメキシコの子どもたちは、毎日のようにテレビから銃撃戦や遺体発見のニュースが流れ、ナルココリードと呼ばれる麻薬マフィアを礼賛する音楽が街角にあふれるなかで成長し、思春期を迎え、そして終わりの見えない暴力の連鎖のなか、短い命を落としてしまった若者もいる。この国はいま、近代史の中でもかつてないほどの暴力の時代にある。暴力や人の死があまりにも身近になりすぎ、ある種の文化すら生み出しているほどだ。

メキシコの状況は、イラクやウクライナで起きているような、国家間の領土を巡る戦争ではないが、起きている状況は変わらない。戦争がもたらす悲劇には、家族や身近な人の死、体や心に負った傷、避難のためや強制による移住など、さまざまある。そして戦乱の中で多くの人々が生死不明、行方不明になってしまうことも、はかり知れない苦悩を家族にもたらしている。

メキシコの多くの街では、ある日突然、若者が行方不明になっても、警察当局は捜査をしようとしない。犯罪組織に買収された警察は、組織のために働くことに忙しく、市民を助けるどころか、訴えて出るなどしたら、ほかの家族に危害を加えられることになりかねない。助けてくれる人は誰もいない。こんな理不尽な現実に、多くの市民は犠牲者になって初めて直面し、愕然とすることになる。

その不安と苦しみのなかで、行方知れずの娘や息子を探すため、自ら立ち上がった女性たちがいるという報道を読んだ。「私たちが探さないと、誰も探してくれないから」。涙で濡れた目を見開き、きっぱりという女性を目にしたとき、私はもっとこの人たちのことを知りたい、その背景を知らなくては、と思ったのだ。

2000年代の麻薬戦争

メキシコ麻薬戦争に関しては、ネット上では残虐過ぎる映像があふれている一方で、日本では報道が少なく、その全体像はなかなか伝わってこない。ここでざっくりとこの「戦争」の経緯とその背景を説明しておこう。

始まりは、２００６年の12月11日、就任直後の国民行動党（ＰＡＮ）のカルデロン大統領が、当時、大きな治安問題となりつつあった麻薬密輸組織を撲滅するとして、「対麻薬密輸戦争」を宣言したことである。だが実際には、対立候補に僅差で勝利したことから選挙不正が疑われ、国民の不信の目をそらせるためのパフォーマンスだったともいわれる。

当時、カルデロンの出身地であるミチョアカン州で、ファミリア・ミチョアカナ・カルテルが暴虐の限りを尽くしていた。大統領は、戦車を含む軍と連邦警察の大部隊を送り込み、犯罪組織のリーダーらを逮捕・殺害し、「組織を解体した」と発表した。

次いで戦場となったのは、北部国境地帯のシウダー・フアレスやティファナなど、北米への麻薬密輸の重要なゲートとなる都市だった。ここでも軍の大隊が国境の砂漠地帯に派遣され、各地でマフィアの大物ボスらが逮捕され、殺害された。

カルデロン大統領は、このくらいで事態は収束し、国民の信頼を回復できると見込んでいたようだ。しかし、結果はまったく逆だった。暴力の嵐は収まるどころか、火に油を注ぐことになった。ボスを失った組織は細分化され、またほかの地域の組織が隙を狙って侵入し、犯罪組織間の抗争はさらに激化してしまった。抗争資金を得る必要から、それぞれの組織は一般市民を標的にするようになったのだ。みかじめ料[1]の取り立て、営利誘拐、人身売買、強制売春、強盗、森林の不正伐採、石油公社の燃料の横流しなどなど、ありとあらゆる犯罪が増加した。組織によっては、麻薬の密輸や密売より、それ以外の犯罪からの収入のほうが大きいところも珍しくなくなった。

なかでも、「ウワチコネロ」と呼ばれる石油公社のパイプラインからガソリンなどを抜き取り、不正販売する行為は、莫大な利益を上げ、これを専業とする組織もあるほどだ。これは非常に危険な行為で、静電気のようなわずかな火気がガソリンに引火し、大火災を引き起こすことがある。2019年1月にイダルゴ州で起きた爆発事故では、100人以上の人々が犠牲となった。この犯罪行為も、石油公社内部に協力者がいてこそ成り立っている。

治安と経済の悪化で中道右派のカルデロン政権が支持を失い、2012年、代わって保守派の制度的革命党（PRI）のペニャ・ニエトが政権を担った。しかし、死者・行方不明者は増え続け、政権は汚職スキャンダルにまみれるばかりだった。

2018年12月、メキシコ史上初めて中道左派の政権が誕生した。国民再生運動（Morena）のロペス・オブラドール大統領には、治安回復の期待がかけられたが、これまでのところ目立った成果は上げられていない。ロペス・オブラドール大統領は、それまでの組織犯罪対策と

1　derecho de piso（ショバ代）。飲食店をはじめ、あらゆる業種の商人や事業所に対して、犯罪組織が一定額を定期的に支払うよう要求するもの。支払いに応じなければ、店舗に放火したり、事業主やその家族などに危害を加えると脅迫する。

して行ってきた、大物ボスを追い詰め、逮捕や殺害をするという方針が、人的にも予算面でも負担が大きすぎるわりに成果を上げず、むしろ暴力の激化を招いているとして、方針を転換した。それが、「銃弾でなく抱擁 Abrazos, no balazos」で、犯罪を力によって抑制するのではなく、犯罪を生み出す根源となる貧困や不平等を解消しよう、というもの。これによって、若者への就業支援などが打ち出された。発想は理想主義的で、方向性としては間違ってはいないかもしれないが、実際のところ予算不足もあり、効果はほとんど見られていない。

犯罪組織にとって、武器を持ち、警察その他公務員を賄賂で抱き込んでいれば、どんな犯罪も自在になってしまう。メキシコでは、不処罰率、つまり犯罪を訴え出ても加害者が処罰されない割合は、2022年は60％だった。認識された犯罪のうち、4割しか処罰されない。だがそれ以前に、犯罪被害に遭っても、92％の人々は当局に訴えて出ることすらしていない。[2] 警察に届けてもどうせ何もしてくれない、時間の無駄、とあきらめていたり、あるいは届け出ることでかえって身の危険にさらされることもあるからだ。結局、97％の犯罪は、処罰を受けることがない。

2020年代初め、世界を襲った新型コロナウイルスによるパンデミックで、メキシコでも医療体制の危機に見舞われ、3年の間に33万人もの死者が出た。その数は、同じ人口規模の日本の5倍近く、多くの人々が身近な人の死を経験することになった。その間、厳しい行動制限が敷かれ、政府が懸命に外出規制を呼びかけるなかも、犯罪者たちは動きを止めることなく、殺人被害者の数は年間3万人余りとそれまでよりもむしろ増えていた。犯罪組織は常に多忙を極めていたのだ。北米ではこの時期、外出制限や自宅待機が長引くなか、アルコール摂取とともに麻薬使用も増加していたという。一部の人々にとって、麻薬の密輸人や密売人は、「エッセンシャルワーカー」であったに違いない。

メキシコの地政学的悲劇

しかし、そもそもなぜ、メキシコで麻薬戦争なのか？　それは、メキシコの地政学的な位置づけが大きく関係している。すぐ北に、3000キロという長い国境で隣り合うアメリカ合衆国が、世界最大の麻薬消費国だから。「かくも神から遠く、米国に近い」――このことが、今日のメキシコの悲劇の根源にある。

メキシコにとって、アメリカ合衆国は最大の貿易相手国で、米国で働く移民からの送金は、原油輸出や観光よりも重要な外貨の獲得源となっている。メキシコと米国は、国境を隔てただけで、賃金は10倍もの格差がある。この格差があるからこそ、日本や中国をはじめ世界の製造業がメキシコに工場を建設し、低賃金の昼夜交代勤務に人々を駆り出すことになる。

2　https://www.udlap.mx/cesij/files/indices-globales/IGI-MEX-2022-UDLAP.pdf

そこで製造された大量の工業製品を積んだトラックの列にまぎれて、北米の人たちが待ち望む白い粉やカラフルな錠剤も運ばれていく。運ばれ方は様々だ。国境にトンネルを掘ったり、潜水艦やドローンを使用したりと技術力の高さを見せる一方で、自家用車やトラックのエンジンルームを改造して詰め込んだり、不法移民のリュックに背負わせたりと、伝統的な手法もとられる。密輸人が発想力を駆使し、リスク分散も同時に行い、知恵を絞って違法薬物を国境の北に運ぼうとするのは、それだけの見返りがあるからにほかならない。

世界でも有数の長い国境を共有するメキシコと米国の間の密輸は、けっして最近始まったものではない。その長い歴史をざっくりとひも解いてみよう。

19世紀半ば、アメリカとの戦争に敗れたメキシコは、カリフォルニアやテキサスなど、広大な領土を米国に奪われ、国境が新たに引き直された。このとき米墨国境地帯に、もとはひとつの街だったものが、米国側とメキシコ側の2つに分かれた、双子都市がいくつもできた。そのような地域では、人々は日常的に国境を行き来し、100年以上前から密輸は生活の一部だった。

1920年代のアメリカの禁酒法時代には、メキシコからアルコールが運ばれ、30年代に禁酒法が終わると、ヘロインやマリワナが、国境の川や運河や、フェンスの穴を通して、運ばれるようになった。

ちなみにメキシコで麻薬栽培が始まったのは、19世紀後半とされる。中国から「クーリー」

として、多くの労働者がメキシコの太平洋側、シナロア州に鉄道建設などに従事するために渡ってきた。彼らがアヘンの種を持ち込み、山岳地で栽培するようになった。アヘンの密輸は、最初は中国系の人々が行っていたが、30年代にアジア人排斥運動が起き、中国人が追放されると、メキシコ人がアヘンの栽培から密輸までを支配するようになる。

第二次世界大戦中には、米軍の負傷者のためのモルヒネの需要が高まり、これにこたえるため、メキシコでのアヘン栽培が急増し、大量に国境の北に運ばれた。次いで1960年代、アメリカでヒッピー・ムーブメントが起き、マリワナが流行する。すると、メキシコ北部の山中だけでなく各地にマリワナ栽培が広がり、徐々に密輸が組織的に行われるようになってくる。

1970年代、豊かになったアメリカでは、セレブの間で南米産のコカインが、パーティーに欠かせないドラッグとしてもてはやされるようになる。南米原産のコカの葉を加工して製造されるコカインは、当初はコロンビアマフィアがカリブ海経由でマイアミに送り込んでいた。その後、アメリカの麻薬取締局がこのルートを壊滅させると、1990年代からメキシコルートが主流になり、メキシコマフィアが力を伸ばしてくる。20世紀末のカナダ・米国・メキシコ間の北米自由貿易協定（NAFTA）によって、米墨国境地域のインフラが整備され、米墨間の交易が飛躍的に増えると、麻薬密輸にはさらに拍車がかかった。

そして2020年代。コロナ禍で「ステイホーム」が呼びかけられるなか、米国の若者の間で静かに、しかし急速に拡大していたのがオピオイド系の合成麻薬、フェンタニルだった。モルヒネの100倍、ヘロインの50倍とされる強力な鎮静作用と毒性がある。米国内では2021年、約7万人がフェンタニルの摂取に関連して命を落とした。薬物の過剰摂取によって亡くなった人のうち、約7割を占めるに至っている。

このきわめて致死性の高い薬物は、原材料が中国で生産され、メキシコに輸入されてフェンタニルに合成され、コカインやヘロインなどほかの麻薬や割り材と混ぜられるなどして製品化され、米国に密輸されている。

辺鄙な山中の畑でアヘンゲシを栽培し、手作業でアヘンゴムを採取し、精製して生産されるヘロインに比べ、フェンタニルは非常に安価に、容易に生産できる。もともと貧しかったメキシコのアヘンゲシ栽培農家は、価格の急速な下落を受け、転作を迫られる一方で、麻薬密輸組織はますます膨大な利益を得るようになった。その一部が、取り締まり当局や政治家の袖の下に流れ込み、また組織間の抗争の激化の一因ともなっている。国境の北に依存者が増えれば、国境の南では不処罰が蔓延し、さらに多くの血が流されることになる。悪のスパイラルはますます深みに入り込んでいくのだ。何をどうすれば、この悪循環を断ち切ることができるのか。冷静に考えるべきときだろう。

本書は、序章から9章まで、おもに自分が訪れた場所ごとに章立てしている。とくに時系列は関係なく、私が読んでもらいたいと思った順に並べているだけである。読み方は、読者の関心のある地域から読んでもらって問題ない。取り上げている犯罪組織の情勢などはその時々で変わってくるので、2023年時点までのこととして読んでいただきたい。このような現状が、過去のこととして、「あの頃のメキシコはたいへんだったな」と読まれる日が来ることを願っている。

さて、本書では、メキシコの組織犯罪という特殊な業界にかかわる話を取り上げているため、業界特有の用語も用いている。なるべく一般的な言葉に換えて書いているが、いくつかは翻訳しきれないニュアンスを伝えるため、メキシコで用いられるスペイン語をそのまま使った。

ナルコ（narco）…narcotráfico（麻薬密輸）から派生して、narcoだけで「麻薬密輸」や「麻薬密輸人」あるいは密輸組織のメンバーを指す。さらに「ナルコ」は、さまざまな単語の頭について派生語を作る。例えば、ナルコ・コリード（narcocorrido）はナルコを礼賛する物語り歌。ナルコメッセージ（narcomensaje）は麻薬組織が残すメッセージで、しばしば殺害した遺体に付けられる。ナルコ横断幕（narcomanta）は、麻薬組織が市民や当局などに通告を出すために、大判の布などに手書きし、横断歩道などから吊るす横断幕。ナルコ弁護士（narcoabogado）は、マフィア側の弁護士。ナルコジュニア（narcojunior）は、大物麻薬マフィアの二世たち。

カルテル（cartel）…麻薬密輸を行う大規模な犯罪組織。カリスマ的なボスを頂点とした、トップダウンの独裁的な構造がイメージされるが、それは部分的なものである。実際は、幅広い大小の、おもに親族を中心としたグループ同士の緩やかなネットワークでできており、それぞれが訓練を受けた武装組織を抱えている。まさに戦国時代の様相を呈し、そのときの状況に応じて「敵の敵は味方」の論理から互いに連帯したり、何かのきっかけで系列グループが敵対し合うようになったり、ひとつの組織が分裂したりと常に変化している。また資金源も麻薬密輸を主とするものばかりではなく、例えばメキシコ中部のグアナフアト州を中心に勢力をもつサンタ・ロサ・デ・リマカルテルは、石油公社ペメックスのパイプから燃料を盗む、ウワチコレロと呼ばれる犯罪をおもな資金源としている。

２０２３年時点で、メキシコで最大とされるのは、ハリスコ新世代カルテルとシナロアカルテルで、いずれも世界中にネットワークを展開している。

シカリオ（sicario）…一般には、金銭を得て殺人を請け負う「殺し屋」の意味で使われるが、メキシコの犯罪組織においては、武装部隊の戦闘員というひとつのカテゴリーのメンバーを指す言葉としても使われる。組織は、現役の兵士や警察官らに高給を提示して勧誘したり、ときにはうその広告で集めた若者たちを無理やり山中のキャンプなどに監禁し、退役軍人らの指導で戦闘訓練を受けさせたりもする。その指導官には、米国、イスラエル、グアテマラなど外国人の特殊部隊出身者が含まれることもある。規則に反したもの、訓練に耐えられないものは、容赦なく殺害される。シカリオらは、自分たちの属するグループのイニシャルやマークの入った制服やバッジなどを身に着けることがあり、これがステータスともなっている。

序章

２０１４年８月、麻薬戦争と呼ばれる暴力の波がメキシコ全土に吹き荒れる、真っただ中。後から思えば、この当時の荒れ模様は、まだ序の口でもあったのだが。しかしマスコミの報道は今より活発で、世界の注目も集めていた。２０２０年代に入ると、長すぎる戦争状態が日常化してしまい、何人殺され何人行方不明になったといっても誰も驚かなくなってしまった。

この時期に、メキシコシティから北東へ、アメリカ国境に向けての旅に出た。麻薬戦争といっても、都市に爆撃機が襲来するわけではなく、どこかに隠れた狙撃兵が市民を無差別に銃撃するわけでもない。大方のメキシコ人は、治安の悪化を嘆きながらも、日常生活を営んでいる。

メキシコの人口は日本とほぼ同じ、しかし面積は日本の約5・2倍。自然環境も、そこに暮らす人々も、地域によってがらりと変わる。同じメキシコ人といっても、ルーツも暮らしぶりもまったく異なる。田舎に暮らす先住民系の人たちと、都市の豊かなヨーロッパ系の人たちとは、異世界に住んでいるといっていい。昔の友人たちは、いま、この麻薬戦争の時代をどう暮らしているのだろう？　カリブ海側の縦断ルートとその周辺地域が、安全なわけはないが。

先住民族の村

メキシコは、その広大な国土を支えるかのように、南北に走る急峻な山脈が２本ある。東マドレ山脈と西マドレ山脈である。この２つの山脈に挟まれて広がるのがメキシコ中央高地で、亜熱帯高地特有の涼しい気候と豊かな土地が、古代から多くの文明をはぐくんできた。

標高２２００m余りの中央高地にある首都メキシコシティから長距離バスで北東へ。柱サボテンやトゲだらけの灌木しか見えない乾燥した高原地帯を抜け、東側の山岳地帯に入ると景色は一変する。カリブ海からの湿った空気が雨や霧となって樹林帯を涵養し、道路の両側はマツなどの針葉樹に覆われる。山岳地帯を越え、バスが一気に下りに差しかかると、飛行機の着陸時と同じように私はいつも耳がキンと痛くなる。標高が下がるにつれ、道路の周囲はトウモロコシ畑や放牧場の田園風景が広がってくる。

最初の目的地は、メキシコシティからバスで約７時間、イダルゴ州北部の街、ウエフットラ。ワステカ地方と呼ばれるメキシコ湾岸に広がる亜熱帯地域のほぼ中心にある。標高は１００m余り、しっとりとした濃い空気が、バスを出た瞬間に身にまといつく。このウエフットラ周辺の村には、アステカ帝国の公用語であったナワトル語を話す先住民族が多く暮らしている。その村のひとつに、1996年と2001から2002年にかけての時期、私は幼い息子を連れて、人類学調査のために住み込んでいた。その後メキシコ全土に暴力の嵐が吹き荒れるなど、誰も想像もしていなかった、のどかな時代だった。

昔暮らした村までは、乗り合いのピックアップトラックで約20分。この地域の先住民の村への交通手段は、小型トラックの荷台に幌を張り、中に木製のベンチを据え付けたものだ。途中下車したいときには、荷台の床を足でドンドンと踏み鳴らして運転手に伝える。乗り合わせた乗客に、知り合いの顔はなかったが、耳に聞こえてくるナワトル語が懐かしい。

10余年ぶりの村は、でこぼこだった道がアスファルトで舗装され、木造でトタン屋根の平屋がおもだった民家も、ほとんどがコンクリート造りになっていた。日本の地方の村と同じく、ワステカの先住民の村でも、若い世代の多くは都会に出て行き、村に残るのは家族からの送金に頼って暮らす高齢者が中心だ。懐かしい顔に会えて、話が尽きない。村では以前と変わらず、トウモロコシを育て、ニワトリを飼い、小商いをして親族が助け合うという暮らしが続いているようだった。この年は5月からずっと雨が降らず、トウモロコシの実が入っていない、と心配事は昔も今も変わらない。

地元の人たちによると、隣り合うベラクルス州では凶悪な事件が多発していても、この地域では麻薬密輸組織がらみの事件はほとんどないという。「あまりに貧しくてナルコも来ない」

という。いや、平和がいちばん。こんな穏やかなメキシコも健在なのだった。ネット新聞で毎日、あちらで何人殺害、こちらで銃撃戦、という記事ばかり読んでいると、メキシコ中どこも麻薬戦争で火の海のようなイメージに陥りがちだが、そういうわけでもないのだ。

北部の都市へ

全身にドル札（もちろん偽札）をまとったムエルテ像。

ウエフットラの街の長距離バスのターミナルに行く途中、市場の外れで、等身大のムエルテ像に出くわした。ドル札を全身に張り付けている。まじない用のグッズやお香を売る店だった。２０００年代に入って急拡大した民間信仰のサンタ・ムエルテ（死の聖母）にはいろんな色やスタイルのバージョンがあるが、ここまで悪趣味なムエルテ像にはめったにお目にかかれない。２０１４年当時、メキシコ湾岸地域の大部分は、残虐さで名をとどろかせていた犯罪組織、ロス・セタスの影響下にあったはずだ。セタスは、ムエルテを信仰していたといわれる。北の国境に向けての旅に暗雲が差しかけた気がした。実際、夜行バスの旅は、強盗に遭う確率が高く、人にはお勧めしない。

次の目的地は、ウエフットラから夜行バスで約12時間、北部の先進工業都市モンテレイ。モンテレイはヌエボ・レオン州の州都で、メキシコ第2の都市である。アメリカ国境が近く、賃金水準はメキシコの平均よりずっと高い。ウエフットラ周辺の先住民の人たちも、集団で出稼ぎに行っている。

かつては治安がよく暮らしやすい街で、この街の高級住宅地区は、メキシコでも一番の金持ちが暮らすハイソな地区だったことで知られていた。ナルコのボスたちも、安全のために家族を住まわせていたという。ところが２００９年から、メキシコ北東部国境地域を支配していたゴルフォ・カルテルと、そこから独立したロス・セタスが、この街の支配権を巡って争うようになった。各地で銃撃戦が起き、ギャングが道路封鎖を行い、飲食店が焼き討ちに遭うなどして多数の犠牲者が出た。身代金目的の誘拐事件も多発するようになった。モンテレイの警察官は、それぞれどちらかの組織に買収されており、与する組織が異なるというだけで同僚同士が殺し合うといった事態も起きた。生き残った警察官たちも、のちに免職された。

２つの組織の支配地域の境界線が確定したところで、激しい暴力の波は収まった。２０１４年時点では、大きな事件の報道はなく、街は再び静けさを取り戻していたようだった。が、マスコミに出ないだけかもしれなかった。夜行バスがモンテレイの長距離バスターミナルに到着し、寝ぼけ眼でバスを降りると、ターミナルの前には装甲車が停まり、黒やオリーブグリーンや迷彩色など、種類の違う制服の兵士や警察官が周辺を巡回していた。

モンテレイで暮らす友人たちに会い、名物のヤギ肉料理「カブリートス」を食べに連れて行ってもらった。モンテレイは、東マドレ山脈のふもとの乾燥地帯にあり、夏は暑く冬はとても寒い。夏の昼間は40度以上に上がることもある。しかし高級レストランに入ると、冷房が効き過ぎていて、上着がないと凍えてしまうほど。汗だくで働くレストランの外の物売りや建設労働者とは別世界だ。この気温差は、まさに階級格差そのもの。

美味しい肉料理に満腹した後は、モンテレイでもっとも地価が高く、セレブが暮らすというサン・ペドロ・ガルサ行政区のカフェを冷やかしに連れて行ってもらった。一歩足を踏み入れると、ここはどこの国？　中にいる客は、おしゃれで脚長で色白な人が目立つ。これまた隔絶した世界だった。高級なレストランやバーの多いサン・ペドロ地区は、当時、ロス・セタスの縄張りだったはずだ。みかじめ料の取り立ては、被害に遭っていても警察に訴えて出るものは少なく、組織にとって安定した収入源なのだ。ハイソな地区の住民は、違法薬物にも高い金を払ってくれるのだろう。

カルテルが支配する街

翌日、モンテレイからさらにバスで北東へ。国境の街、レイノサを目指す。灌木がところどころに生えるだけの半砂漠の平原を約3時間半。途中、何もないところでバスが停車したと思うと、ごつい体格の兵士が乗り込んできた。

「さー、全員降りてチェックさせてもらおうか。外は暑いぞ〜。ハハ、まあやめとこう」

窓の外を見ると、ライフルを抱えた重装備の兵士が数人。軍の検問だった。まさに、戦争の最前線に入ったのだ。メキシコらしくジョークですませてくれたのは、いまは緊張状態にはないということだが。

国境の街、レイノサは、タマウリパス州の中では、州都のマタモロスを抜いて、もっとも人口が多く、近代化された都市のはず。しかし、終点のバスターミナル周辺は、埃っぽい田舎町といった風情で、土産物の屋台と安宿とスーパーくらいしかない。近代的なショッピングセンターなどは、みな郊外にあるのだ。とりあえず、安ホテルに荷物を置いた。宿の主人は親切で、部屋もそこそこ静かそう。どこかで昼食でも、とホテルを出て歩き始めたとき、突然、後ろから若い男が呼び掛けてきた。振り向くと、マイクロフォンで何か話しながら、こちらを追いかけてくる男がいた。

「身分証を見せろ」という。いきなり、命令形である。

「警察？　だったらそちらが先に身分証を見せなさい」というと、

「われわれはカルテルのものだ、街を見張っているのだ」

冗談でしょ？

「どこのカルテル？」と聞くと、「ゴルフォだ」。

間をおかず、すぐ後ろから四輪駆動車が来た。連携がよすぎ。携帯でずっとしゃべっていた男が、車内から私に向かって、

「われわれは犯罪者が入りこまないように街を警戒しているのだ。やろうと思えばなんだってできる。あんたを『行方不明』にすることも。パスポートを見せろ」

半袖のポロシャツから突き出た丸々とした太い腕には、びっしりと刺青が。これは本物だ。顔から血の気が引くのを感じた。観念してパスポートを手渡した。

刺青男は、日本人か、と珍しがって、

「アメリカに行くのか？　ビザはないのか？　泳いで向こうに渡るのか？」と聞く。日本人はアメリカに行くのにビザはいらない、というがなかなか信用してくれない。刺青男はさらに携帯でどこかと連絡を取り、まあいいだろう、とパスポートを返してくれた。返す前に、

「何歳だ？」

ふん、そこに書いてあるでしょ。

「女性にはそれは聞かないものよ」というと、刺青男は笑ってくれ、少し緊張がほぐれた。

「一緒に写真撮っていい?」とたずねたが、もちろん断られた。

あとで宿の主人にその話をすると、笑って、「大丈夫、やつらは何もしないから。金も取らない。街の治安を守ってくれているんだ」という。

カルテルが街を支配するとは、そういうことなのだ。国家と同じように警察の役割や収税をカルテルがやり、市民と共存する。むしろ、国家よりも信頼されてすらいる。暴力装置を独占するのが国家だとすれば、まさに、パラレル・ステート。

私はこの時にはまだ、「行方不明にする」という言葉の本当の意味をわかっていなかった。この翌年から、メキシコ各地の行方不明者の家族の会を訪ね、どれほどの理不尽な悲劇が起きているか、被害者の母親たちから話を聞いて、ようやくその恐ろしさを理解したのだ。路上を独り歩きしている女を拉致し、どこの組織の回し者かと詰問し、拷問して無関係とわかっても殺害する。ディーゼルオイルをかけて焼くか、あるいは強酸に浸けて溶かす。骨片が見つかったとしても、DNAはほぼ検出されない。完璧に、その人の物理的存在を消し去ってしまうのだ。しかし、本当に恐ろしいのはその後だ。警察は、捜索依頼があっても探そうともしない。行方不明者を待つ家族は、生きているのか死んでいるのかもわからず、帰って来るかもしれない、見つかるかもしれない、という希望を毎日毎日、打ち砕かれ続けることになる。そんな犠牲者が、メキシコでは毎日、各地で何十人も生み出され続けている。そのひとりが、私と私の家族だったかもしれなかった……。

ちなみに、メキシコとアメリカの国境の街は、どこも麻薬密輸のための重要な拠点だが、ここタマウリパス州レイノサは、きわめて重要な密輸スポットのひとつである。アメリカのテキサス州と国境を接し、巨大市場のある東海岸に近いことから、膨大な数のトラックが日々行き来している。それに紛れて、違法薬物や不法移民もここで国境を越える。それだけに、カルテル同士の覇権争いは熾烈を極めてきた。

タマウリパス州の国境の街のうち、この2014年時点では、レイノサとメキシコ湾岸のマタモロスはゴルフォ・カルテルの支配地、西のヌエボ・ラレドはロス・セタスが支配していた。それぞれ、どちらのカルテルが街を支配下に置くか決着がつくまで血みどろの抗争が続き、それが終われば、とりあえず街は平穏を取り戻す。「パックス・マフィオサ」――マフィア支配下の平和。

国境の川の向こう側へ

翌日、幸い何事もなく朝を迎え、国境の橋へ向かった。緑色の淀んだ水をたたえたリオ・ブラボー（アメリカ側ではリオ・グランデと呼ぶ）のアメリカ側の岸では、ボーダーパトロールらしい制服たちが、ジープや四輪バギーのような乗り物で茂みを出入りしているのが橋の上から見えた。橋を渡り切ったところのアメリカの入国管理局には50mくらいの人の列があったが、30分ほどで順番がきた。周りの人に聞くと、日曜なのでふだんより人が少ないということだった。しかし入管では、日帰りでアメリカ側に行って帰るだけ、といってもなかなか信じてもらえない。「人に会うならその電話番号を書け」などといわれて困ったが、押し問答の末、なんとか入国税7ドルを支払って通してもらえた。

入管の建物を出ると、そこはテキサス州マッカレン。バスに20分ほど乗り、中心街方面へ行ってみた。途中、道路の両側に見えるのは、中古車販売店、自動車部品店、リサイクル衣類の店など、メキシコ人向けの店ばかり。バスを降りたターミナルにも、メキシコ人向けの衣類や生活雑貨などの大型卸店が並ぶ。この街の経済は、メキシコ人の買い物ツアーに大きく依存しているという。街並みも建物も小ぎれいで清潔で、国境のすぐ南の、くすんで古びた建物や埃っぽく猥雑な雰囲気とは対照的だ。

マッカレンではチェーン店の「サブウェイ」でサンドイッチを食べただけで、すぐレイノサに帰るバスに。乗客はほとんどがメキシコ人のようだった。国境の橋に着いたので、降りてパスポートチェックかな、と思っていたら、バスのトランクが開けられて税関職員がざっと目を通しただけ。バスはそのまま国境のゲートをくぐって、レイノサのバスターミナルへ。アメリカからメキシコに入国するのは何と簡単なことか。

ターミナルからホテルに戻る途中、前日声をかけてきた若い男が、所在なげに交差点でヤンキー座りしているのが見えた。思い切って声をかけてみると、拍子抜けするほど明るい笑顔で挨拶してくれた。名前をたずねると、「カルロス」だといった。組織ではたいてい呼び名で呼ばれるものなので、本名ではないだろうが。昨日は驚かして申し訳なかった、と謝ってくれ、近くにいた奥さんにも紹介してくれた。この街には角ごとに、彼のような見張り役がいるのだそうだ。なんでカルテルで働くようになったのか、とたずねると、以前はコンビニの店員をしていたが、週８００ペソ（当時約６４００円）にしかならず、妻と子ども３人を養っていけないのでこの仕事に就いた、まだこの仕事を始めて数か月だという。

「稼ぐためにはリスクも負わなくちゃ。仕方ない」と笑った。レイノサは地方からの移民が多いが、カルロスは両親とも地元出身だった。アメリカで働いていたが、母親が病気になって戻ってきた、という。「カルテルの人」も、家族思いの普通の青年なのだ。彼のようなカルテルの見張り役は、「アルコン（鷹）」とか「プンテロ」などと呼ばれ、組織の最下層に位置付けられる。街角の靴磨きや売店の売り子、タクシー運転手、ときには路上生活者がこの見張り役をすることがあるという。ロス・セタスが小学生の女の子を雇っていた、という新聞記事を読んだこともある。誰でもできそうな仕事に見えるが、何か事が起きたときには、真っ先に拷問を受け、殺されることもある。組織の支配地によそ者が入り込めば、一挙手一投足が、あちこちから見張られている、と思わなくてはならない。

交差する三つの世界

この日はもう夕方のメキシコシティ行きの飛行機を予約してあったので、ホテルに戻るとさっそくタクシーを呼んでもらった。時間に余裕があったので、タクシー運転手に頼んで街を案内してもらうことにした。運転手はレイノサで働いてもう10年になるというベテランのファンさん。

まずは修道女らが運営する「移民の家」という施設。メキシコを南から北に縦断する厳しい旅の末、レイノサまでたどり着いた中米出身者や、逆にアメリカで不法滞在で捕まり、国境の南に送り返されたメキシコ人や中米人らが、この施設にやって来る。移民たちには無料で食事と寝る場所が提供されるが、ずっと中にはおれないので、昼間は建物の外の日陰で時間をつぶす人が、多いときで数十人にもなるという。

近くのリオ・ブラボーの河岸に、大きな白い十字架が建っていた。川でおぼれ死んだ移民らを悼むた

リオ・ブラボーのほとりに建つ、川で亡くなった移民たちを悼む十字架。

めのものだ。川幅は30ｍもないように見えるが、水深が深いのだという。そのすぐ横には「ワニに注意」の看板も。「コヨーテ」と呼ばれる密入国あっせん人は、パトロールの交代の時間などを知っていて、アメリカ側の監視の目をかいくぐって川を渡らせるのだという。国境警備は厳重で、川を無事に渡れる可能性は昔に比べるとかなり低くなっているはずだ。こういったコヨーテの仕事もカルテルの管理下にあり、厳しく手数料が取り立てられている。

次に案内されたのが、トタン板や木の板を張り合わせただけのバラックが並ぶ川沿いの地区だった。よそから流れ着いた人たちが住み着いてできた集落で、犯罪者の巣窟だったが、カルテルが見張るようになってからよくなった、とファンさん。カルテルは犯罪者をとらえると、1回目は説諭だけで放免する。だが2回目に捕まると、棒でたたかれたり腕を切り落とされたりするのだという。警察と同じことをしているが、カルテルの方が厳しくて効果がある、のだそうだ。

街で一番の金持ちが住む地区にも連れて行ってもらった。しかしここがそうだといわれても、無駄に広い道路に高い塀があるばかり。中の建物はなにも見えない（笑）。レイノサの金持ちは、一般人に豪邸を見せびらかす趣味はないようだ。1軒だけ、コロニアル調の博物館のような豪華な建物が見られた。そこは運送会社のオーナーで、この街一番の金持ちファミリーの自宅だった。しかし実際には、ほかの豪邸と同様、普段住んでいるのは使用人たちだけなのだ。所有者らは安全な国境の北側に暮らし、子どもたちも向こうの学校に通っている。レイノサの邸宅に来るのは、何かイベントがあるときくらいなのだ。

最後に訪れたのが、空港近くに広がるマキラドーラと呼ばれる工業団地。国外からの工場誘致のために関税が免除されるなど優遇処置のある経済特区で、略して「マキラ」とも呼ばれる。ほかの国境の街と同様、１９９４年の北米自由貿易協定以降、政府によって広大な工業団地が整備され、外国企業の誘致が行われた。レイノサには、富士通やパナソニック、ミクニなど多くの日系企業も進出している。大部分がアメリカ東海岸の都市に近いという地の利を利用した自動車や工業製品の組み立て工場である。

カルテルは外国企業に手を出すと、地元企業家の怒りを買い、当局からたたかれることになるので、手出しをしないのだ、とフアンさん。これは本当かどうかはわからない。実際には、従業員の安全のために、何かの名目で払わされている可能性もある。

工業団地の周辺には、これも政府が建設した公団住宅が建ち並ぶ。フアンさんの話では、工場では食堂が完備し、公団住宅のローンは20年分割で毎月の給与から差し引かれ、さらに勉強したい若者には夜間の大学などに通える制度もあるという。工場の入り口に求人広告を張り出しているところも目につく。交代勤務は確かにきついだろうが、まじめに働けば家族とともにそれなりに暮らしていける。仕事がないからカルテルに入る、とばかりはいえないかもしれない。

それにしても、国境を挟んだ北と南の都市の、この差異と格差。川を越えただけで、賃金はメキシコの4倍以上になるのだ。北部国境地帯でのメキシコの最低賃金は、ほかの地域より1・5倍高く設定されているのだが、それでもレイノサで1日8時間働いてやっと得られる賃金が、マッカレンに行けば2時間弱で稼げてしまう。[1]

街の郊外に広がる工業団地で、外国企業が最新の設備を備えた工場を建設し、勤勉なメキシコ人労働者の汗を吸い上げる。そこで製造された自動車や家電製品が、国境の川の向こう側、小ぎれいで安全なアメリカに暮らす人々の手に渡る。

そして国境の街、レイノサには、アメリカ東海岸の都市を目指し、中米や南米、国内各地から、ビザなしで北へ渡ろうと無数の人々がやって来る。違法薬物も同様である。いくら壁を作ろうが、取り締まりを増やそうが、需要と供給がある限り、流れをとどめることはできない。蛇の道はヘビ。法の枠外の人とモノの移動を仕切れるのは、組織犯罪しかない。

北の「先進国」、南の低賃金労働と失業者の国、そして国家の支配を欺く闇の勢力。国境には、3つの異なる世界が背中合わせに存在し、共存する。国境が、南と北の格差を維持し続けるかぎり、闇の勢力もまた力を失うことはないだろう。グローバル化と新自由主義が作りだしたパラドックスである。

1　2022年時点での最低賃金は、レイノサでは日給約13ドル、テキサス州では時給7・25ドルだった。

第1章　ナルコ戦争の最前線——シナロア

メキシコでナルコ発祥の地といえば、メキシコ北西部、シナロア州だ。世界に名をとどろかせた麻薬王「エル・チャポ」ことホアキン・グスマン・ロエラをはじめ、歴代のナルコの大ボスたちが、このシナロアの山岳地帯から出てきた。

初めてこの地域を訪れたのは２０１１年８月。怖いもの見たさ、だった。州都のクリアカン国際空港に降り立ち、恐る恐るタクシーに乗ってみると、道路の両側に広がるのは、見渡す限りのトウモロコシやソルガムの大農場。あまりに豊かでのどかな田園風景に、拍子抜けする思いだった。

実際、シナロア州はけっして貧しい州ではない。太平洋側には漁業や観光が盛んな港があり、平地は国内でも有数の穀倉地帯で、近代的な大規模農業が行われている。東の山岳地帯には、金、銀、銅、鉄鉱石などの鉱山がある。植民地時代から大量の金や銀を産出し続けてきた鉱山業は、量は減ったとはいえ、現在も州の経済を支える重要な産業のひとつとなっている。しかし、地域に産業があるからといって、貧困や不平等がないわけではけっしてない。むしろ、鉱山業と港の存在は、麻薬マフィアが根を張り、力を伸ばす重要な要因でもある。鉱山開発は、採掘権や地元への補償などを巡って、汚職や犯罪組織の介入を招きやすい。港は、違法薬物やその原料の搬入や搬出に欠かせない存在なのだ。

シナロア州ロス・モチス

2020年3月にシナロアを再訪したときの目的地は、州北部の商業の街ロス・モチスだった。州内で3番目に大きい中核都市。太平洋岸にあるこの街は、鉱山地帯で、また麻薬栽培地帯でもある西マドレ山脈への入り口にあたる、戦略的にも重要な商業都市である。鉄道ファンのあこがれ、チワワ太平洋鉄道の発着駅があることでも知られている。アメリカのグランド・キャニオンに勝るともいわれる険しい渓谷を縫って走る列車である。

ちなみにシナロアといえばシナロア・カルテルだが、2019年以来このカルテルは分裂し、2つの敵対組織がつねにしのぎを削り合っているといっていい状況である。米国で終身刑に服している「エル・チャポ」ことホアキン・グスマン・ロエラの息子たちのグループ「チャピートス」と、チャポのかつての盟友で、組織の陰の立役者ともされていた「エル・マヨ」ことイスマエル・サンバダのグループだ。

もともとカルテルというもの自体、実際は各地域を支配する大小の犯罪グループが連携したものだ。それぞれのグループは互いに協力し合ったり、勢力争いをしたり、ときに敵に寝返ったりと関係は複雑で、終始その状況は変化している。地縁と血縁で結ばれ、盤石の結束力をもつかのように思われていた老舗のシナロア・カルテルも、例外ではない。

追跡する女たちの会

ロス・モチスの街で迎えてくれたのが、「フエルテの追跡する女たちの会」の代表、ミルナ・メディーナ。シナロア州北部で行方不明の家族を探す女性たちの会の代表だ。教えられたホテルに着き、ミルナに連絡すると、「今日は友だちの娘の15歳の誕生日パーティーだから一緒にいらっしゃい、そこで夕飯を食べればいいから」という。招かれてもいないし、プレゼントもないし、汚いTシャツしかないし…と躊躇したが、ミルナは豪快に笑って、大丈夫、という。170センチ余りの長身で恰幅がいいうえにハイヒールまで履いている、存在感たっぷりな女性である。

会の名前のフエルテというのは、ロス・モチスから山岳地帯に80キロほど入ったところの町である。2014年7月、その町で働いていた当時21歳だった息子のロベルトが行方不明になった。幼稚園教諭だったミルナは、当局が何もしてくれないことにしびれを切らし、自ら捜索に乗り出した。同じ立場の母親たちと会を結成し、これまでに200体以上の遺体を発見してきた。会は拠点をロス・モチスに移し、米国のNGOから資金援助を獲得して、300人余りのメンバーとともに遺体の捜索活動を精力的に行ってきた。

ミルナは2017年、行方不明になってから3年後、自らの手で息子を発見した。まさにその瞬間の写真が新聞に出ているのをネットで見た。泣き崩れるミルナを、両側から会の仲間たちが支えていた。暗い土のなかに、泥にまみれた見覚えのある服や靴、ロベルトがガソリンスタンドで売っていたCDなどが見えたとき、ミルナはどんな思いだっただろう。遺骨は不完全で、DNA鑑定をしなければ身元確定は不可能だったが、あらかじめ匿名の通報で、それがわが子だという確信があったという。

息子を見つけた後も、ミルナの活動は終わらなかった。家族が行方不明になるということがどれほどの不安や絶望をもたらし、孤立無援な状況に陥るか、身にしみてわかっているからだ。毎日、今日こそは帰ってくるか、消息が何か聞けるかと待ち、待ち続け、そのうち絶望感に打ちひしがれる。行方不明の息子を持つ女性のひとりは、「毎日、朝起きた時から、息子は今日はどこでどうしているだろうか、早く見つけてやらなくては、とそればかり考えている」と涙を浮かべて語ってくれた。

メキシコでもっとも暴力的な州のひとつで、マフィアがらみで行方不明にされた人々を探すこと自体、われわれには想像もつかないほど勇気のいることだ。それでもミルナは、同じ立場の人々の相談に乗り、捜索活動に出かけ、当局とも交渉を続けてきた。殺人予告や脅迫も受けてきた。当局は彼女の安全のためにボディーガードを手配してくれているが、ミルナは、「夫が嫌がるから」とボディーガードを伴うことはほとんどない。

「負けるな」と書かれた紙きれを示すミルナ・メディーナ。

会の事務所には、その活動に対して各地の人権組織や自治体から贈られた表彰状や盾がいくつも並んでいる。その真ん中に、薄汚れた小さな紙切れが入った額があった。ミルナはそれを取り出し、見せてくれた。書かれた文字はかすれていて、私には読めなかった。

「『負けるな』と書いてあるのよ」とミルナ。

息子が行方不明になった当初、警察に行ったが、2時間も待たされた挙句、何も対応されず、涙にくれ絶望して帰ろうとしたとき、ふと床に落ちていたこの紙切れを拾った。誰が何のために書いたのかわからない。だがこの言葉を見て、そうだ、負けてはいけない、と勇気がわいてきたのだという。

山野に分け入る女性たち

翌日は日曜日で、会が捜索活動に出かける日だった。朝8時過ぎ、ミルナが夫とともに、事務所に2台のピックアップトラックで来た。道筋でも参加者を拾いながら、トラックの助手席と荷台に全部で30人ほどが乗り込んだ。ほとんどが女性だ。今日の目的地はロス・モチスから南に1時間ほどの山地。匿名の通報をもとに、かなりの確信をもって捜索場所を絞り込めるのだという。道中、ミルナたちはランチ用にブリート[1]を人数分買い込み、コーラと缶ビールのパックまで買っていた。おやつを持ってきた参加者もいた。トラックの荷台の上では久しぶりに会ったメンバー同士、おしゃべりが絶えず、ちょっとした遠足気分。しかし皆、家族の誰かが行方知れずになっているのだ。半年前に息子が行方不明になったという女性は、暗い顔で何も話したがらなかった。

現地に到着すると、メンバーはスコップや探査用の鉄の棒を手に、牧場の脇の灌木が茂る山道に一列になって入って行った。10分ほど歩いたところで、湿った窪地に、藁にくるまれた犬の死骸が放置されていた。ハエがびっしりたかり、きつい腐敗臭を放っている。このような場

1　小麦粉で作ったクレープのような皮で、挽肉や煮豆などの具を巻いたスナック。アメリカ合衆国やメキシコ北部でよく食される。日本では「ブリトー」と呼ばれることが多い。

所は、雨期になると濁流が流れ、すべてを流し去ってしまうのだ。それを横目にさらに山奥に。

スコップを持っている人は、歩きながらところどころで地面を掘ってみるが手がかりはなし。地面に焼け焦げた場所があれば、その近くに埋められている可能性が高いという。30分ほど登ったところで、山道の脇にまだ新しく見える青い運動靴が1足、転がっているのが見えた。履いていた人は、ごく若い男性だったのだろう。さらにその先でも、白い運動靴が片方だけ。こちらは長く風雨にさらされていたように見えた。

「これを履いてきた人は、裸足で帰ったわけじゃないでしょう」と参加者のひとりがつぶやいた。

昼過ぎまで歩き続けたが何も見つけられず、参加者から「疲れた」という声が出始めて、捜索は終了。しかし、その辺りに秘密墓地があることは確かなようだった。後で聞いた話では、犯罪者たちは遺体を深く埋めた上に動物の死体を埋め、腐敗臭をカモフラージュすることがあるのだそうだ。もしかしたら、あの犬の死骸の下…？　しかし、ここ数年は遺体を焼くことが多くなっているともいい、無関係だったのかもしれない。

この日の参加者の何人かに、話を聞くことができた。そのひとり、ルス・マリアは、息子のイサアクを探している。一緒に来た娘とそのいとこの3人は、優しげな面持ちの青年の写真をプリントした、おそろいのTシャツを着ていた。

イサアクは2年前、17歳で高校3年の時、家のすぐ近所で友人としゃべっていたときに、何者かに連れ去られた。夜の8時か9時だったが、誰も、何も見ていなかったという。原因など、何も思いつかない。もしかしたら、その友人の方に何かあったのかもしれない。警察にはすぐに届けた。その1か月後、警察から経費だとして1万ペソ（当時約5万５０００円）を要求された。その後、さらにもう1万ペソ。それでも何も進展はなく、こうやって会に加わって一緒に捜索に出ている。

警察官から捜査経費を請求される、という話は新聞報道でも読んだことがある。本来はあってはならない、公務員による職権乱用である。しかし藁にもすがりたい思いの被害者家族は、それで優先的に捜索してもらえるなら、と払ってしまうのだ。実際、警察は予算不足で、パトカーを出動させるためのガソリン代すら出してもらえない、捜査したくてもできないという現状があるのも事実。だが被害者家族が必死の思いで支払った金は、警察官の懐の中に消えるだけなのだ。

ジェシカは気さくで笑顔の絶えない女性だが、2年前、２０１８年に当時19歳だった息子へススが行方不明になっている。

ある土曜日、へススはパーティーに行き、そこでけんかになった。仲間と他人のバイクに乗って逃げた。酔ったはずみで、軽いノリでやったのだろう。その盗んだバイクを返しに行ったところ、男に殴られ、どこかに連れて行かれた。ヘススの消息はそれきりになってしまった。悪い相手だったらしい。その男はのちになにか別件で逮捕されたが、1か月で釈放されてしまった。遺体が見つからないので、息子はもしかしたらまだ生きているかもしれない。辛いけれど、その希望があるから、生きていられる。

私はよその人たちと話すときには、別の顔でいる。明るくて元気な。けれど、ここの仲間といるときには、みな私の悲しみを知っているので、感情を出すことができる。だから、私はここに来るのが好きだ。

ヘススには、付き合っていた恋人との間に子どもがいる。2歳半になって、かわいい盛り。この孫の存在が癒しになっている、という。

おしゃれでヘビースモーカーで毒舌なレイナは、ピックアップトラックが南部のある町に差し掛かると途端に顔を曇らせた。2016年、当時21歳だった息子のジャン・ポールの消息が消えた場所だったからだ。息子の行方を探して、何度もその町に足を運んだ。息子の本名はエドゥアルドだが、フランス語のジャン・ポールという呼び名で呼ばれていた。

息子は刑務所に入っていた。麻薬の密売をしていたのだ。中古車の売買をしているといっていたが、私にはわかっていた。ロス・モチスの刑務所を出て、警察官から二度とこの街に戻るな、見かけたら殺すと脅され、親戚を頼ってシナロア南部に移っていた。その日は、兄嫁と一緒に、恋人のためのプレゼントを探しにロス・モチスに来ていた。そこで敵対グループの警察官に見つかり、パトカーで追跡され、その小さな町に逃げ込んだところで車がパンクした。２人は車を捨てて逃げ出し、兄嫁が携帯電話で連絡してきた。それが最後だった。町の人にたずねても、誰も何も教えてくれなかった。

犯罪にかかわっていたのだから自業自得、という人もいるかもしれない。しかし、どんな人であっても、公正な司法の裁きを受けて、罪に応じて処罰を受けるべきである。犯罪組織の手先として働く警察官に違法に拉致され、行方不明にされてよいわけがない。ここシナロアでは、警察官と犯罪者の線引きはあいまいで、限りなくグレーだ。警察官が自分で麻薬を売っていることもあるし、若者を拉致して組織に売り渡すこともある。犯罪者が警察官の制服を着ていることもあるという。もちろんこういったことは、シナロアに限ったことではないが。

ミルナに紹介され、「マンキー」と呼ばれる会の古参メンバーのひとりにも会いに行った。会が使っている、埋められた死体を探査するための探査棒は、彼女が考案したのだという。マンキーの息子のファンは、２０１５年、33歳のとき、仕事帰りに友人たちと市の中心街に立ち寄ったときに、武装した男たちに突然襲われ、拉致されて行った。一緒にいた友人たちは逃げのびたが、フアンは脚が悪くて走れず、つかまってしまったのだという。目撃者はたくさんいたはずなのに、誰も何も教えてくれない。市役所の職員として真面目に働いており、理由は何も考えられない、という。

それ以来、私は息子を探すために生きてきた。ミルナと一緒に山に探しに行った。探査棒を皆と一緒に考案し、甥のひとりに作ってもらっている。ほかの地域に新しい捜索グループが立ち上がったときには、そのたび探査棒を作って贈ってきた。ソノラ州など、いろいろなところに贈った。今は体調を崩して一緒に捜索に行けないが、皆と一緒にいると力づけられ、疲れを感じることがない。心の痛みが終わることはないけれど。

キナ臭い州境

麻薬マフィアが支配するシナロア州は、州境に近づくほどキナ臭いものになる。ミルナに紹介され、ロス・モチスから北東に40キロほどの、山岳地帯の入り口にあたるサン・ブラスという町のグループを紹介してもらった。リーダーのエステルの夫は、7年前の2013年に別の街に出かけたきり、戻って来なかった。

その日、夫から「これから帰る」と電話があったのに帰って来なかった。心配になって翌日警察に届け出たが、警察はまったく動こうとしなかった。行方不明になるような心当たりは何もない。夫は軽トラックに軽食や飲み物などを積み込み、あちこちの農場に出向いて労働者に売る行商をしていた。やむを得ず自分ひとりで引き継いで仕事をしていたが、マフィアからショバ代を請求され、怖くなってやめてしまった。さらに2年前には、農業労働者だった弟が、警察の制服を着た男たちに連行されて行き、行方不明になってしまった。これもなぜなのか、わからない。カルテルに引き渡されたのではないかとうわさを聞いた。

エステルによると、ここで悪事を働くグループは地元の人間ではないという。州境に近いので、縄張り争いの争点となりやすく、シナロア・カルテルではないグループが入り込んでいることもある。組織が、山の中で麻薬の生産などに強制労働させるために人を連れて行くこともあるという。チワワ州の山中の洞穴に、何十人も住まわされて働かされていたケースもあった。女性が連れて行かれることもある。性奴隷にするためだ。どの組織に連れて行かれたかによって、埋められている場所が違う…。

マフィアに支配され、警察が市民を守るという本来の役割をまったく果たさないこのような地域では、家族を行方不明にされた被害者の方が、町から逃げ出さなくてはならないこともしばしばである。2012年、25歳だった息子が行方不明になったロサリオは、息子を探してあちこちたずねて歩いていると、探すな、と脅しの電話を受けた。

怪しい車が家の近くに停まっていたりした。ほかの息子たちも同じ目に遭うぞと脅迫され、恐ろしくて家族でアメリカ国境近くの街に避難した。妊娠中だった息子の妻も、別の街に引っ越した。3年たって、サン・ブラスを支配する勢力が変わったと聞いて町に戻り、警察に失踪の届け出をした。息子を見つけてくれたのはミルナのグループだった。発掘したとき、私もそこにいた。別の青年と一緒に埋められていた。何年もたっていたが、すぐにわかった。見覚えのある靴だった…。

「宝物」の帰還

ミルナたちのグループは、日曜と水曜に捜索活動に出かけるのが恒例だ。しかしその水曜は、捜索活動は中止になった。行方不明になっていた兄弟2人の遺骨が、DNA鑑定が完了し、検察庁で家族に引き渡されるというので、ミルナたちは立ち会いに行くのだという。私も同行させてもらった。22歳と35歳の兄弟は、2017年に畑仕事のために一緒に家を出たきり帰らなかった。3年もの間、土中に埋められていたのだ。

ミルナたちとカメラマンと一緒に検察庁の外で待っていたが、1時間たっても何の動きもない。ミルナが受付に行ってたずねると、遺骨はもう葬儀会社の方に送ってしまったという。待っている人に一言くらいあってもいいのに。役所はいつも、木で鼻を括ったような対応しかしない。

ちなみにミルナは、ロス・モチスの中心街にある検察庁に行くのに、近くの銀行の駐車場に車を停めた。駐車場の管理人は、「銀行に用事のある人以外駐車できない」とミルナの行き先を見透かしたかのように注意したが、ミルナは「後で銀行に寄るよ。領収書を見せるから」と押し切った。車を出しに戻ってきたミルナはすました顔で、グアダルーペの聖母が描かれたカードを管理人に差し出し、「神のご加護を」と言いおいて車を発進させた。信心深い年配の管理人は、「ああ、ありがとう」とカードを押し頂いただけだった。なんという押しの強さ！　しかしこれがなければ、このシナロアで命を危険にさらす活動はできないかもしれない。

葬儀会社に着き、しばらく待っていると、亡くなった兄弟の家族が到着し、棺桶と葬儀費用の交渉を始めた。「少し高い」というので、別の葬儀会社に移動した。犯罪犠牲者の家族には、法律によって葬儀費用相当の支援金が国から出ることになっている。しかしそれでは一番安い質素な棺桶しか買えない。姉は少し値段の張る、瀟洒な青い棺桶を2本ほしいといい、足りない分の5000ペソは月賦払いにすることにした。長い間土中に埋められ、やっと掘り出された後も身元確定までの間、ビニールの袋の中に入れられていたのだ。美しいお棺は、ようやく帰ってこられた兄弟へのいたわりの気持ちだったのだろう。メンバーらは自分たちが探しているものを「宝物」と呼んでいる。たとえ朽ちた骨片になっていても、愛する家族には何ものにも代えがたい、大切なものなのだ。

葬儀は翌朝9時に、街外れにある兄弟の実家で行われた。運河の脇の、くすんだ色のバラックが立ち並ぶ地区だった。麻薬戦争の犠牲者の大部分は、このような貧しい通りから出ているのだ。働き盛りの兄弟には、それぞれ家族もいた。この3年間、どれほどの喪失だったことか。親家の前の道路にテントが張られ、花とろうそくで飾られた青い棺桶が2つ並べられていた。親族や近所の人たちのほか、捜索する会の女性たちも次々到着し、家族と抱き合い、慰めの言葉をかけていた。「同じ痛みを分かち合える会の仲間こそが本当の家族」と誰かがいっていたのを思い出した。

出棺の時刻が近づいた頃、十数人の会の女性たちは輪になって手をつなぎ、棺を囲んだ。喪主の家族が、ラジカセにCDを入れ、音楽をかけた。女性たちは涙ながらに流れてくる歌に合わせて歌い、終わると、こぶしを突き上げ、「生きて連れて行った、生きて返せ！」「見つけるまで、私はお前を探す！」とシュプレヒコールを叫んだ。仲間とともに歌い、叫ぶことで、それぞれの胸の奥に沈んでいる澱が、わずかでも解けるのかもしれない。

ちなみに、この捜索する女たちの会には、自分たちのために作られたコリード（物語り歌）があるのだ。ミルナたちの献身的な活動に感銘を受けたプロのミュージシャンらが、ボランティアで制作したというミュージックビデオまである。[2]

抗争地帯の事件記者

メキシコは、世界でももっとも多くのジャーナリストがその職務のために犠牲になっている国のひとつである。このシナロアでも何人もの記者が殺害されているが、なかでもよく知られているのが、ハビエル・バルデスだろう。シナロアの州都クリアカン生まれで、麻薬密輸マフィアやその周辺の人々を追い、数々の国際的な賞を受賞したこの記者は、２０１７年、自ら主幹を務める週刊誌のオフィスの前で、白昼、跪かされ、至近距離から銃で撃たれ殺害された。シナロア・カルテルの幹部にインタビューしたことが原因とされた。メキシコで、それもここシナロアで報道に携わるのは、文字通り命がけである。

バルデス殺害のニュースが流れたときは、息をのむ思いだった。バルデスの著書は何冊か読んでいた。麻薬戦争を追うジャーナリストは数多いが、大物マフィアの物語のなかでは、巻き込まれた市民は冷たい数字のひとつに過ぎない。しかしバルデスが書くものは、暴力の犠牲になった家族や、犯罪にかかわらざるを得なかった若者など、庶民一人ひとりの視点に立った、

2　Las Buscadoras: Abel Sarmiento - YouTube

血の通ったものだった。

ミルナの紹介で、地元のラジオ局記者、ドゥルシーナ・パラに話を聞くことができた。ロス・モチスに着いた初日に連れて行かれた誕生パーティーの主役だった娘の母親だった。エレガントなドレスに身を包み、朗らかに笑っていた女性が事件記者だったとは。犯罪と不処罰が横行するこの街で、刑事事件を担当してもう28年にもなる。何人もの同僚記者が殺害され、殺害予告を受けて州外に逃れているなか、記者を続けるのは恐ろしくないのか？　しかも、離婚して22歳から10歳まで3人の娘をひとりで育てながら、というから驚くほかない。

実際、ドゥルシーナは何度も脅され、家に葬儀用の花輪が送られて来たりもした。一度は拉致され、ピストルを頭に突き付けられて、「誰のために働いている？」と詰問された。「最後の望みをいえ」とまでいわれ、「2人のまだ幼い娘が心配だ」といったところで、運よくそこにパトカーが通りかかり、無傷で解放された。その後、何か月も恐怖心にさいなまれ、家から出ることができなかったという。

それでも記者の仕事を続けるのは、「弱い人の味方になりたいから」という。ミルナたちの活動も、ジャーナリストが報道し、世間に公表されなければ、当局や組織に簡単にひねりつぶされてしまうのだ。その勇気をたたえ、ドゥルシーナは米国の雑誌『タイム』の2018年の「真実の守護者たち」のひとりとして顕彰された。

彼女はSNSでニュースのライブ配信も行っている。後日、満開のアヘンゲシの花畑に入り、軍による手入れの様子を報道しているのを観た。組織がらみの事件は、シナロア周辺では一向に減る気配はない。どうかドゥルシーナが危険な目に遭わずに仕事を続けられますようにと祈るしかない。

マルベルデ様

シナロアに来たからには、州都クリアカンで、「ナルコの神様」とも呼ばれる「ヘスス・マルベルデ」の礼拝堂に立ち寄らずに帰るわけにはいかない。初めてマルベルデを訪れたのは2011年のこと。ドン・ウィンズロウの小説『犬の力』[3]にも、スペインの作家、ペレス・レベルテの『ジブラルタルの女王』にも出てきていた。レベルテの小説を連続ドラマ化した『ラ・レイナ・デル・スル（南の女王）』では、暗闇にろうそくが揺らめく、おどろおどろしい洞窟のような場所になっていた。場末の怪しげな、麻薬の売人がたむろしているような場所なのか？

場所もはっきりしなかったので、私は正攻法で行くことにした。市役所に行って、観光課、という掲示のあるところで、「マルベルデの資料はないか」とたずねてみたのだ。すると、市内

3　『犬の力』（上・下）、ドン・ウィンズロウ、角川書店、2009年。『ジブラルタルの女王』（上・下）、アルトゥーロ・ペレス・レベルテ、二見書房、2007年。

観光バスのガイドもしている、という女性職員が出てきて応対してくれた。マルベルデの礼拝堂は観光スポットというわけではないが、市内観光バスで街を回ると前を通るので、旅行者に解説をしているのだという。そして、マルベルデのいわれをとうとうと、ガイド調で語ってくれた。

…マルベルデは、本名はヘスス・ファアレス・マソといい、メキシコ革命の頃の義賊でした。金持ちから金品を盗み、貧しい人々に分け与えていたのです。そのため知事に恨まれ、懸賞金がかけられました。マルベルデは、金に目がくらんだ親友に裏切られて殺されてしまいました。知事はその遺骸を木に吊るし、埋葬することを禁じました。そこに、家畜が行方不明になって困っていた貧しい農夫がやって来て、マルベルデの遺骸に祈ったところ、家畜が見つかったのです。農夫は奇跡だと喜び、遺骸の下に石を積み上げました。同じようマルベルデに祈ったおかげで奇跡が起きた、という人が次々に現れ、さらに石を積み上げ、ついには遺骸を埋めてしまったのです…。

マルベルデ伝説にはいくつかバージョンがあり、実在した人物かどうかもわからない。だいたいが、名前からして怪しい。マル＝悪い、ベルデ＝緑、なのだから。悪い緑といえば、マリワナの葉っぱ、あるいはドル札。マルベルデの肖像の背景には、マリワナの葉が後光のように描かれていたりする。礼拝堂の上には十字架が掲げられているが、もちろんカトリックの聖人

マルベルデの廟。

とは認められていない。

市役所でどのバスに乗ればいいか教えてもらい、着いたのは、州の庁舎から通りを1本隔てただけの場所。こんなところに、ナルコの神様の廟があるというのが、いかにもシナロアだ。建物は質素で、いかにも建て増しを繰り返したふうに見える。礼拝堂のなかには生花や造花、祈願文や感謝の言葉を書いたプレートや紙切れ、写真などにぎっしり囲まれて、マルベルデの胸像がある。お参りをする人は、手を組んで祈りをささげると、胸像の頭をなで、さい銭箱に金を入れ、さらに近くに待機している楽団に金を払って歌を何曲か奉納することもある。マルベルデをたたえる歌は、いくつもある。

地元の人々の間では、願いをかなえてくれる庶民の神様で、「とげぬき地蔵」のような存在でもあるらしい。私が観察している間にも、病気らしい子どもを抱いた貧しげな女性がお祈りに来ているのを見かけた。

「自分はナルコとは関係ないが、受験とか何かあるとき、お参りに行く」という地元の若い男性もいた。

私が訪れた日も、平日の昼間にもかかわらず参拝客は絶えることがなかった。青年がひとり、さっきからずっと胸像の前に立ち、両手を組み、首を垂れて、小声で何かをつぶやきながら祈りを捧げていた。ここは朝の7時から夜の10時まで開いているが、夜中にやって来て管理人に扉を開けさせ、楽団を呼んでセレナーデを演奏させることもあるそうだ。管理人によると、ここで撃ち合いになったりしたことはなく、危険を感じたことはないという。


礼拝堂の周囲には、マルベルデグッズを売る土産物の露店が並ぶ。大小のマルベルデの胸像や立像、ペンダントや数珠、ボールペンなど、定番のお土産品に並んで、以前になかったものが目についた。「チャポグッズ」といえるものだ。お土産用の黒いキャップに、「クリアカン」「マルベルデ」などの文字が入ったものと並んで、「JGL」の文字のものがあった。「エル・チャポ」ことホアキン・グスマン・ロエラの頭文字だ。チャポは米国で終身刑に服していても、ここクリアカンではまるで英雄かアイドルのような扱いだ。

さらに「701」というのもあった。なぞかけのような数字だが、これが『フォーブス』誌の世界長者番付で、2009年にチャポがランクされた順位である。『フォーブス』には、その後2010年と2011年にも順位を下げながらもランクインしていた。億万長者には違いないだろうが、そもそも税金を払っていない密輸マフィアの資産を雑誌社はどうやって推定したのか？

ちなみに「JGL」の文字は、その後のコロナ禍の拡大で、多くの人々が生活苦に陥るなか、メキシコの新聞のニュースで目にすることにもなった。クリアカン郊外の貧しい地区で、食料や日用品を詰めた箱が市民に配給されたというニュースだ。その箱には、金文字の「JGL」というロゴがプリントされていた。もちろん、ナルコ慈善活動はシナロア・カルテルだけの専売特許ではない。災害などの際、動きの鈍い政府に代わって、地元の麻薬カルテルが市民に救援物資を配るというのはよくあることだ。ミチョアカン州などでは「CJNG」（ハリスコ新世代カルテル）やリーダーの名である「メンチョ」と書かれた生活物資の箱が、タマウリパス州では「CDG」（ゴルフォ・カルテル）の文字が入った箱が配られるのだ。ナルコの贈り物は、子どもたちがプレゼントをもらえる1月6日の三賢人の日などにもよく見られる。

ナルコ・カルチャー

クリアカンの街を見渡す高台、ミラドール・デ・ロミータスに上ってみた。夜になれば夜景がどんなにきれいだろうと思わせる、しゃれたデートスポットである。人気のない丘の上で見かけた若い女性2人。ストレートのロングヘアーで、胸とお尻が強調されたセクシーな服を着て、人待ち顔に携帯をいじっていた。もしやこれは「ブチョナ」と呼ばれる女性たち？　昼間、普通に街中を歩いていては、あまりお目にかかることのできないメキシコ北西部特有の「種族」なのだ。

高台から帰ろうとしたとき、長い階段を競うように駆け上がってくる若いイケメン２人の姿が目に入った。ブチョナたちを待たせているお相手だったのだろうか？

ブチョナとは、シナロアを中心としたメキシコ北部のナルコ・カルチャーのひとつで、ナルコ好みのセクシーな体形とファッションの女性のこと。理想的なスタイルを手に入れるためには、躊躇なく整形手術をする。手術代を出せる金持ちの夫や恋人を持っていることが、女性にとってのステータスなのだ。

ブチョナの代表といえば、チャポの妻、エンマ・コロネルが挙げられるだろう。美人コンテストの女王だったことでも知られるこの若い妻は、チャポの公判のときに、しばしば胸の谷間の見える、ボディラインを強調する服と濃い化粧で姿を見せていた。よく手入れされたストレートのロングヘアー。これは定番。大きすぎる胸とお尻。ぽってりとした唇は、整形か生まれつきかわからないが、これまたシナロアでその道の男たちをしびれさせるディテールのひとつだ。

ブチョナの男性形は「ブチョン」。その昔、シナロアでアヘンやマリワナを売って大金を手にした田舎者が、街の酒場で一番高い高級スコッチウィスキー「ブキャナンズ」を注文した。

しかし英語の読み方を知らないがために、ブランド名をスペイン語読みして「ブチョノス」などと呼んでいた。そこから、無学なナルコ成金が「ブチョン」と呼ばれるようになったという。ブチョン、ブチョナたちは、高級車に乗り、高級時計、宝石、目立つロゴの入った高級ブランドファッションを身に着け、いかに金を持っているか、競うように見せびらかすのだ。

シナロアのブチョン・ファッションといえば、チャポの娘アレハンドリーナが経営するファッション・ブランドもある。その名も、「エル・チャポ701」。その筋の若者好みのゴールドと黒を基調にしたど派手な柄が特徴で、チャポの顔写真がプリントされたシャツやトレーナーなどもある。チャポのフルネーム、ホアキン・アルチバド・グスマン・ロエラの頭文字JAGLを組み合わせたロゴの入ったアクセサリー、ライター、携帯ストラップなども。日本からも、アマゾンなどで購入は可能だ。

もっとも、こんなものを着てエル・マヨの勢力下にあるシナロア南部や、シナロアの宿敵フアレス・カルテルから分派したラ・リネアが支配するソノラ州などをうかつに歩いていたりしたら、無傷で帰れる保証はない。クリアカン市内はおもにチャピートスの勢力が強いといわれるが、地元の人によると、両勢力が入り込み、にらみ合いが続いているという話だった。

ブチョナは一般には、麻薬マフィアのトロフィーとして、贅沢三昧を楽しんだあとは、たいていは逮捕されたり捨てられたり、あるいは殺害されたりして悲劇で終わるもの、というイメージがある。しかし、今どきのブチョナはそれだけとは限らない。たとえば、「ラ・セニョーラ」と呼ばれるクララ・エレナ・ラボリンのケース。エンマ・コロネルと同様に元美人コンテストの女王で、当時シナロア・カルテルと並んで勢力を誇っていたベルトラン・レイバ・カルテルのボスのひとり、エクトル・ベルトラン・レイバと結婚した。4人の子を得てセレブな暮らしを楽しむ一方で、持ち前の社交性で政治家や起業家と交友関係を築き、組織の資金洗浄も担当していたとされる。一度は敵対するシナロア・カルテルに誘拐され、死の恐怖にさらされたこともあった。夫が逮捕されてのち、自ら組織を率いるようになり、組織の分裂を阻止しただけでなく、ほかの組織と連帯して地方に勢力を拡大させることにも成功した。彼女は2016年に逮捕され、現在収監中である。

ナルコ宮殿墓地

クリアカンには、この地域の特殊な経済活動によって、ほかの都市には見られない奇異な文化が根付いている。そのひとつが「ナルコ墓地」だ。クリアカン市街の南の外れにあるウマヤ庭園墓地。広大な敷地の高級分譲墓地で、入り口から奥まで自動車で入れるようになっている。入り口あたりはごく普通の墓地だが、奥に行くにしたがって、大理石造りの礼拝堂がついた巨大なお墓が、豪華さを競い合うように並ぶのが見えてくる。ここに葬られているのはほとんどが、大物から中小まで、その道の関係者とその家族である。過剰なまでに派手さを見せびらか

ウマヤ庭園墓地に建ち並ぶ礼拝堂。

す、ナルコの生前のライフスタイルをそのまま持ち込んだ世界である。

　初めてここを訪問したのは2012年で、そのときも異様なほどのミニ宮殿が並ぶ「街並み」に唖然としたものだ。8年後の2020年3月、霊園はさらに拡大し、礼拝堂は巨大化して、壮麗さを誇るものが競うように増えていた。この「業界」の繁栄ぶりを示しているかのようだ。霊廟は、イスラム建築風の丸いドーム屋根に十字架が付いたものが主流だが、最近のものでは、現代アート風のモダン建築も見られる。

　礼拝堂は2階建て、3階建てのもの、ダンスフロアー付きのものもあり、照明や冷房、監視カメラ、さらに音響設備まで完備しているものもあるとか。中で永遠の眠りについている人とともに、お墓参りに来た人たちが、年に何回か楽しく宴会をするためだ。

墓標に刻まれた名前と年齢を見ていくと、20代から30代、40代と若い男性の墓が目立つ。カウボーイハットをかぶり、尻ポケットにピストルを入れてポーズをとった、いかにもという写真も飾られていた。警察官の制服の青年の写真もあった。しかし普通の警官の家族では、ここに墓地を買うことは不可能だろう。聖人の像の入ったガラスが、防弾仕様になっているものもあるという。ミラー加工のガラスで、中が見えないようになっているのがいちばん怪しい。大型で豪華なお墓ほど、墓碑銘は出ていない。その一方で、比較的小さいお墓では、十字架の横に、故人の顔写真と哀悼の意をささげる言葉をプリントした、カラフルなビニール製のポスターを飾っていることが多い。メキシコシティの友人は、そんなものは見たことがない、といっていた。

2012年に来た時、ちょうど墓地で働く建設労働者が通りかかったので、ここでお墓を建てるのにいくらかかるのか尋ねてみた。ウマヤ墓地では、小さい1区画で3万ペソ（約18万円）、普通のシンプルな十字架の墓標が4万5000ペソ（約27万円）だといった。大理石造りの礼拝堂を建てようと思ったら、100万ペソ（約600万円、いずれも当時のレート）以上かかるだろう、という話だった。生きている人間のために、そこそこの家が建てられる値段である。これ以外に、毎年維持費も相応にかかるのだ。

奥の方の1軒で小さな集まりがあるようで、見張りなのか黒いシャツの男が2人、ビールを片手に建物の脇に立っていた。挨拶をすると笑って、「写真を撮ってくれ」といい、さらに奥の人たちにも、「写真を撮るからこっちを向いてくれ」と声をかけてくれた。お礼をいって、その新しい一角の、豪華すぎる礼拝堂の写真を撮りながら歩いていると、突然、向こうからミニバイクが砂煙を立てて猛スピードでやって来た。乗った男は何か叫んでいる。「写真を撮るな」といっていたのだ。「怒っている人がいるから」という。危い、ここに来ている人の気分を害したりしたら、ただではすまされない。慌ててカメラをしまった。連れて来てくれたタクシーの運転手によると、何度かこの墓地には来たが、そんなことをいわれたのは初めてだという。おそらく、大物マフィアがこれから宴会を催すのだろう。写真に写っては困る方々が大勢来るのだ。そういえば、墓地の入り口に音楽バンドのものらしいマイクロバスが停まっていた。

十字架の街

墓地だけではなく、クリアカンでは街中の道路際でもしばしば十字架に出くわす。人が亡くなった場所に立てた十字架が、この街には２００以上あり、「十字架の街」とも呼ばれている。サン・ブラスの街に向かう道路脇にも十字架があちこちに立っていた。２時間ほどのバスの旅のなか、多いなと途中で気付いて車窓から十字架を数え始めたところ、片側だけで16基以上を数えた。ほとんどが直線の、見通しの良い道路だったが。メキシコは飲酒運転が多いのは確かだが、事故ばかりではないだろう。

シナロア自治大学近くの中央分離帯で見かけた十字架には、死を悼む言葉を添えた、若いハンサムな男性の写真のビニール製ポスターが立てかけられていた。供えられた造花とビニール風船がまだ色鮮やかだったのは、故人の誕生日か命日かで、家族が訪れてから日が経ってなかったからだろう。

この街でおそらく一番有名な十字架が、市内の自動車用品を扱う大型スーパーの駐車場にある。人の背丈ほどの地味な十字架で、犠牲者３人の頭文字が刻まれている。チャポ・グスマンの当時22歳だった息子エドガルと、そのいとこと友人である。２００８年5月、エドガルらが車の外でおしゃべりをしていたところ、20人以上からなる武装集団が突然襲撃してきた。バズーカまで使用されていた。現場からは５００発以上のライフル銃の薬きょうが見つかったという。

息子の死を深く悲しんだチャポは、メキシコ北部の赤いバラをすべて買い占めて葬式に使った、という都市伝説も伝えられている。一般には、当時シナロア・カルテルと敵対関係にあったベルトラン・レイバ・カルテルが襲撃したとされ、この事件をきっかけに、シナロアとベルトラン・レイバの壮絶な抗争の火ぶたが切られたとされる。しかし実際には、同じシナロアの「エル・マヨ」ことマヨ・サンバダ配下のマチョ・プリエトという幹部が、敵と間違えて襲った[4]ともいわれる。

両替ガールが立つ通り

もうひとつ、クリアカンでまだ訪れていなかった場所に、タクシーの運転手に頼んで行ってもらった。中心街のベニート・ファアレス通り。一方通行の道路の左側にずらりとパラソルが並び、ドル札を手にした人が声をかけてくる。ここは、車に乗ったまま両替ができる、路上両替商が集まる通りなのだ。男性の多くは麦わら帽子をかぶり、女性はなぜか皆グラマーで、ミニスカートやぴったりしたスパッツというブチョナ風。

テレビシリーズ『ラ・レイナ・デル・スル』で、シナロア生まれの主人公テレサ・メンドサが、最初の恋人で密輸パイロットだったエル・グエロと出会ったのは、ここで両替ガールをしていたときだった。ドルで報酬を得た麻薬密輸人が新ピカの四輪駆動車で乗り付け、この通りでペソに換え、歓楽街で豪遊する。ネット送金もビットコインもなかった時代のことと思っていたが、いまも同じ風景が繰り広げられているとは。

最初に声をかけてきた若い男に相場をたずねると、公式レートより少し悪い。写真を撮っていいかと聞くと、ひとりは嫌だと顔を背け、別のひとりは笑ってポーズを取ってくれた。携帯から顔を上げた若い女は笑顔で、「映画にするの～?」と手を振ってくれた。

4　Hernández, Anabel, *Los señores del narco*, Grijalbo, 2011, p.501.

と、その時、両替商と並んで立っていたバイク警官が2人、怖い顔でこちらをにらんでいるのと目が合った。タクシー運転手が、「停められた」と舌打ちをした。

助手席側の窓から覗き込んできた警察官は、防弾チョッキの重装備で、黒い覆面の奥に青い目が見えた。

「なんで写真なんか撮っているんだ。身分証を」

シナロアで警察官がどういう存在かわかっているだけに、おとなしく従うしかない。パスポートを差し出し、「飛行機の時間までの暇つぶしにクリアカン見物をしていただけです、お巡りさん。もう出発の時間だから、急がないと」とビビりながら、わざとらしく腕時計を見て愛想笑い。

「この辺で若い女が行方不明になる事件が多発している。写真を撮っているから変だと通報があったのだ」とバイク警官はいい、無事パスポートを返してタクシーを行かせてくれた。それ以上のいちゃもんをつけられなかったのは、ラッキーというしかない。路上の両替は、もちろん違法だ。それを写真に撮られてはまずい。クリアカンの警察官は、違法行為を保護するために存在するというわけだ。

不条理が条理と化したこの街を象徴する事件のことを思い出さずにはいられない。2019年10月17日、クリアカン市の68万人の住民を恐怖に陥れたクリアカナッソ（クリアカン騒動）だ。その日、エル・チャポの息子のひとり、「エル・ラトン（ネズミ）」ことオビディオ・グスマン・ロペス（当時29歳）の居場所が突き止められ、約30人からなる国家警察隊と陸軍の部隊が建物を包囲した。オビディオは投降し拘束された。だがそこに、オビディオ奪回のためにシナロア・カルテルの200人以上の重武装した集団が襲来した。

武装集団は銃撃戦を繰り広げ、街への重要なアクセスポイントとなる場所を次々に封鎖した。州政府は市民に外出禁止を呼びかけた。SNSには、銃声が響く中、重装備のシカリオらが装甲車両で市内を疾走し、多くの車両が放火されて煙を上げる様子が流された。

兵士や警察官の家族の住む地区が、カルテルの軍勢によって包囲されるなどし、打つ手の尽きた政府はオビディオを解放し、クリアカンの街はようやく平静を取り戻した。ロペス・オブラドール大統領は翌日、「市民の生命が危機に瀕していた」として、釈放の判断は正しかったと弁明した。しかし、当局の作戦の甘さは否めなかった。

このときの話として、地元の人は、「シナロアは関係する組織を動員して、ソノラやらドゥランゴやらほかの州から手勢を集めたんだ。1人1日4000ペソ払ったという話だ。政府を相手にたたかうなら、それくらいする」と教えてくれた。瞬時にそれだけの資金を動かし、さらにこの事態を予期していたかのように巧みな軍事作戦を展開したのは、まさに圧倒的な組織力といわざるを得ない。政府は麻薬密輸組織とのたたかいを続けてきたが、この騒動を通して、メキシコ人の多くは改めて観念させられたに違いない。「やつらには勝てない」と。

「撃ち方やめ！　もうご主人様は解放された！」

オビディオ釈放の知らせがＳＮＳで流れたとき、シカリオたちが満足げな表情で出てきて、政府軍の兵士に歩み寄り、握手やこぶしを突き合わせる挨拶を交わす様子がビデオに撮られていた[5]。いかにも、馴れ馴れしい。試合終了、ノーサイドというわけだ。それにシナロアでは、こんな若い御曹司のボスが「ご主人様（patrón）」なのだ。シナロアでは別の時間が流れているようだ。

馴れ合いの関係

シナロア・カルテルと政府当局の「馴れ馴れしさ」は、ほかの場面でも目にされている。例えば、２０２０年３月、ロペス・オブラドール大統領がシナロア山中の町、バディラグアトを視察に訪問したときのこと。バディラグアト行政区は、チャポ・グスマンをはじめ多くの大物麻薬マフィアを輩出してきたところで、いまも多くの住民が麻薬栽培や密輸に関連した仕事で生計を立てている。その町で、車の中に座るチャポ・グスマンの母親に大統領自ら歩み寄り、握手をしたのだ。高齢のチャポの母は、アメリカで収監中の息子に会いたい、メキシコに送還してほしいと、大統領に懇願の手紙を送り、面会を申し入れていたという。新型コロナウイルス感染が日に日に深刻化していた頃で、握手やハグの自粛が呼びかけられていたなか、大統領自ら感染予防対策を無視したことでも批判の声が上がった。

それにしても、世界に名だたる凶悪犯として米国で終身刑に服している人物の母親と、一国の大統領が親しげに言葉を交わす――その姿からは、どのようなメッセージを受け取れるだろうか？　チャポの母親は、地元では敬愛される存在であり、息子の無罪を信じる母親に罪はない、といえるかもしれない。しかし、何代も前の政権時代から指摘されてきた、シナロア・カルテルと政府との根深い馴れ合いの関係が、そこに透けて見えるともいえるだろう。

メキシコ麻薬戦争に関する第一人者であるジャーナリスト、アナベル・エルナンデスの著書『*El traidor*（裏切者）』に、マヨ・サンバダの息子、ビセンティージョことビセンテ・サンバダ・ニエブラが語った父親の印象的なセリフがあった。「われわれは政府のために働いている」[6]というのだ。密輸の仕事で稼いでも、その大部分を当局に賄賂として還流している、結局、彼らのために働いているようなものだ、というのだ。

ちなみにクリアカナッソは、オビディオ釈放で一件落着ではけっしてなかった。実際には、シナロアとメキシコ北西部での新たな戦争の始まりでもあったのだ。イバンは異母弟を救出す

5　http://www.youtube.com/watch?v=jvHEsGnuY-O
6　Hernández, Anabel, El traidor: El diario secreto del hijo del Mayo, Grijalbo, 2019, p.17.

るため、盟友であるはずのエル・マヨにも加勢を依頼した。しかし、マヨはそれを拒否したのだ。それまでも、米国で裁判にかけられたビセンティージョが、自分の刑を軽くしてもらうのと引き換えに、エル・チャポに不利な証言をしたことで、チャピートスは反感を募らせていた。ここにきて、両派の関係の決裂は決定的なものになった。

実入りの多いクリアカン市の支配を巡って抗争が続き、2020年にはクリアカン郊外のゴミ捨て場から、何十体もの遺体が回収された。その後、抗争は北のバハ・カリフォルニア州に飛び火し、エル・マヨ派の幹部らが殺害されたり逮捕されたりした。この地域は密輸の重要な拠点のひとつで、シナロアだけでなくアレジャーノ・フェリックス・カルテル、ハリスコ新世代カルテルなども入り込んでいる。チャピートスがハリスコと手を組んだ、あるいは造反派を引き入れたなどともいわれたが、実際のところは判然としない。ボスたちの勢力争いのために、犠牲になる若者はさらに増え、ティファナでは2021年1年間に2124人の殺人被害者数を数え、全国でもっとも殺人件数の多い都市となった。[7]

オビディオ再逮捕

さて、一族の膨大な資金と武力をつぎ込んでもらい、自由の身となったオビディオだが、ロペス・オブラドール政権にとっては、面目回復のために何とかして再逮捕しなければならない最重要ターゲットだった。政府軍と警察は入念に作戦を練り、2023年1月5日、ついにオビディオをクリアカン市内の自宅で逮捕した。父親のチャポのように、脱出用の地下道を自宅に作ってはいなかったのか、それともそこに逃げ込む暇もなかったのか？

このときも再び、シナロアの武装集団が集結し、トラックなどに放火し、幹線道路を封鎖して、市内各地で激しい銃撃戦が起きた。住民が撮影した、戦場さながらに炎が上がり、機関銃の銃声が響く様子がSNS上で見られた。

政府軍側も、今度はヘマをするわけにはいかないと、数千人規模の大部隊で包囲しており、オビディオの身柄を確保するや、すぐさまメキシコシティに移送した。シカリオらは、なんとかしてこれを妨げようとしたが、どの飛行機に乗っているかわからないため、クリアカン空港で離陸しようとしていた空軍機だけでなく民間機にも銃弾を雨あられと浴びせかけた。乗客らがパニックに陥ったのはいうまでもない。この逮捕劇で、政府側は10人、カルテル側は19人が死亡したと発表された。

1月10日に米国のバイデン大統領、カナダのトルドー首相が3か国会議のためにメキシコシティを訪れる予定だった。米政府から500万ドルの懸賞金がかけられていた「ネズミ」（オビディオのあだ名）の捕獲は、米大統領へのご進物だったのだ。

7　https://es.statista.com/estadisticas/1271238/america-latina-y-el-caribe-tasa-de-homicidios-intencionales-por-pais/

首都に移送されたオビディオは、メキシコ州の「アルティプラーノ」と呼ばれる最高レベルの警戒態勢を敷いた重犯罪者向け刑務所に収監された。最高レベルとはいえ、父親のエル・チャポは、２０１５年、トンネルを掘ってここから脱走しているのだが。

第2章　土の中に面影を探して――ベラクルス

ベラクルス市の中心街を歩くと、名物のカフェオレの香りと、この地域の伝統楽器、マリンバの軽快な音色が流れてくる。明るく活気のあるこの街が、組織犯罪の血を血で洗う抗争と汚職のうわさにまみれた暗いイメージで語られるようになったのは、とくに2010年代前半のハビエル・ドゥアルテ知事の時代（2010年12月～2016年10月）からである。

ベラクルス州は、メキシコ東部、メキシコ湾に沿った縦に細長い州。沿岸部は亜熱帯多雨で、いくつもの港や入り江と豊かな農地に恵まれ、内陸に行くと東マドレ山脈につながる険しい山地帯がある。プエブラ州との境にはメキシコの最高峰、万年雪を頂いた5600mのオリサバ山がそびえる。その山のふもとは、メキシコでも有数のコーヒーの産地だ。

この地は、スペインの征服者エルナン・コルテスが最初に上陸したところでもある。ベラクルス市は、メキシコ湾岸でもっとも重要な港湾都市で、またコロニアル建築の街並みと庶民的なビーチで国内外からの観光客を集めてもいる。

そのベラクルス市で、行方不明者家族の女性たちのグループが、大規模な秘密墓地を発見し、自ら発掘作業を行っているという報道があった。メキシコシティの友人のつてで、グループのリーダー、ルシア・ディアス・ヘナオとコンタクトが取れ、2017年、ベラクルスに会いに行った。

組織間の抗争の激戦地

ベラクルス州は、長い沿岸部が麻薬密輸の経由地として利用され、山地ではケシやマリワナといった麻薬が栽培され、覚せい剤が密造される。さらに北の国境を目指す中米からの不法移民の移動ルートにもあたっている。法によって保護されない弱い立場の中米移民たちは、組織犯罪にとっては格好のカモなのだ。ほとんど身ひとつで旅する貧しい不法移民たちを、組織は容赦なく拉致し、監禁して、北米にいる家族に身代金を送金させたり、人身売買したりする。ときには犯罪グループのために働くよう強要することもある。不法移民の間では、ここ数年、ベラクルス経由の危険性が知られるようになり、回り道をして避けることが多くなったが、それでも最短ルートを行こうとする人々もまだいる。

2000年代の初めまで、ベラクルス州といえば、残虐さで知られたロス・セタスの独占的なテリトリーだった。それが、セタスのトップが次々に逮捕されたり殺害されたりし、内部分裂もあって弱体化したとみると、メキシコ西部で勢力を拡張していたハリスコ新世代カルテルが、「マタセタス（セタス殺し）」の名前で、２０１１年頃からこの地に入り込んできた。ハリスコ新世代は、その名の通り、ハリスコ州を根拠地として、北のシナロア・カルテルと張り合い、南のミチョアカン州では自警団の一部と組んでテンプル騎士団カルテルを打倒し、当時、シナロアと並ぶ国内最大の勢力となっていた。

２０１１年9月、ベラクルス市のすぐ南のボカ・デル・リオ市の中心街に35人もの遺体が放置された。その2日後には14人もの遺体が市内各地で見つかった。先の事件の報復とみられた。当時のドゥアルテ知事は「遺体はみな犯罪者たちだ」と決めつける発言をしたが、実際には学生など、多くは犯罪とは無関係な人たちだった。組織間の抗争は、このような見せしめ合戦だけでなく、あらゆる商店や農場主などへのみかじめ料の取り立て、身代金目的の誘拐など、一般市民を巻き込んで残虐さを極めるようになった。軍・警察・公務員などは、いやがおうでもいずれかの組織の支配下に置かれた。さらに、組織関連の事件や当局の汚職を暴くジャーナリストが次々に脅迫され、殺害されるようになった。ドゥアルテ政権下だけでも殺害されたジャーナリストは17人にのぼり、脅迫されて州外や国外に逃れた記者も少なくない。ベラクルスは「記者の墓場」とまで呼ばれるほどである。

ベラクルスの州都ハラパ市は標高１５００ｍ近く、内陸の静かな街である。だがここも暴力とは無縁ではない。それを象徴するひとつが、市役所の入り口に置かれたカラフルにペイントされた、人の腰の高さほどの岩だ。この街で記者会見が行われるときにいつも使われる場所に、地元の記者らが置いた。岩の上面に、ジャーナリストを象徴するカメラの絵と「殉職者たちの記念碑」「すべての人に正義を」という言葉が書かれている。

隣りの大聖堂の前の広場には、「レヒーナ・マルティネス広場」と刻んだプレートが埋め込まれていた。広場はもとは別の名前だったが、2012年に殺害された女性ジャーナリストの名前に、市民らが勝手に付け替えたのだ。マルティネスは自宅に押し入った男らに残虐に殺害された。当局は強盗殺人として片付け、さらに彼女の人格を貶めるような嘘の発表まで行った。半年後に「実行犯」として逮捕された男は、のちに「拷問されて嘘の自白をさせられた」と訴え、釈放された。当局がなにかを隠そうとしていることは確実で、マルティネスの事件の真相を追っていた記者も脅迫を受け、転居し、ボディーガードを依頼するしかなくなった。治安当局が犯罪組織と一体となったこの地域で、真実を伝えようとすることは、まさに命をかけたたたかいなのだ。

メキシコ最大の秘密墓地

ベラクルス市を中心に活動する行方不明者家族の会の名前は「ソレシート」。小さな太陽、という意味だ。この名前は、ルシアらが最初にウェブページを立ち上げたとき、たまたま背景に水平線に上がる日の出の写真を用いており、会に問い合わせが来るたび、「小さい太陽の絵柄のウェブページにメールを送って」と何度もいっているうち、それが会の名前として定着したのだという。

最初は同じ立場の行方不明家族の女性たち6、7人がネット上でつながっていただけだったが、報道などをきっかけに、次々に家族を探す人々が集まり、メンバーはベラクルス市とその周辺を中心に250人以上に増えた。

ソレシートの会代表、ルシア。

ルシア・ディアスの息子、ルイスは2013年6月、29歳の時、自宅で病気で寝ていたところを何者かに拉致され、行方不明になった。ルイスは人気DJで、イベントプロデューサーとして州内外で活躍していた。身代金の請求が2度も来て、そのたび支払い、さらに息子のバンも要求され、引き渡した。それでも、息子は戻ってこなかった。

英語の同時通訳で、英語教師でもあったルシアの生活は一変した。毎日警察や関係機関のさまざまな部門を訪ね、捜査を要請し、自分で独自に捜査もした。息子の携帯電話は、自分でフリーマーケットで見つけた。

警察は何も調べてくれなかった。自動車も、捜索する気になればすぐ見つかるはずなのに、当局は何もやらない。「警察には、捜査しようという意欲もなければ能力もない」とルシア。家族が独自に捜査しようとすると、かえって邪魔をしてくる。結局、警察は犯罪者の側にいるのだと実感した。

２０１６年5月、母の日に、行方不明の家族を持つ女性たちがベラクルス市でデモを行おうと集まっていたとき、1台のバンが近づき、降りてきた男たち数人が女性たちに地図のコピーを手渡していった。無数の十字が書き込まれた手書きの地図。市郊外の「サンタ・フェの丘」と呼ばれる新興住宅地区の地図だった。その地区に秘密墓地があるかもしれないという話はうわさで聞いていたので、ルシアにはすぐにピンときた。当局と交渉し、同じ年の8月に発掘作業が始まった。

「最初の3日間、私たちは発掘に参加させてもらえず、検察庁の捜査官らが掘っているのを見ているだけだった。しかし彼らが見つけられないので、私たちが自分たちで作業したいと申し入れ、作業を始めると、次々に遺体を発見した」

以来3年間の発掘作業により、約３００体の遺体を発見することができた。これは、メキシコ国内だけでなく、中南米地域でも秘密墓地としては最大規模である。しかし、そのなかで身元が判明したのは、２０２１年時点で30人に満たなかった。

現場での作業は、基本的に家族会が自前で賄った。本来は政府がやるべき仕事だが、当局がやるのを待っていては、いつまでたっても始まらないからだ。作業はボランティアばかりではもたないので、毎日数人の作業員を有給で雇った。さらにスコップ、探査のために土中に打ち込む鉄棒、金づち、さらに手袋、マスク、作業靴。現場は暑くて厳しい環境なので、熱中症にならないよう、水や氷、スポーツドリンク、虫よけ薬などなど、買わなくてはならないものはたくさんある。政府の人権委員会は、朝と夕方に、現場までの送り迎えの車を出してくれる。当初は州警察が昼食を支給してくれて、発掘現場まで温かい料理とトルティージャ（トウモロコシの薄焼きパン）が運ばれてきていた。訪問者の私もお相伴にあずからせてもらえた。しかしこれは予算の都合とかで、1年ほどで廃止。それ以外、公的な支援はない。

発掘作業を継続するには、地道な資金調達が必要になる。クラウド・ファンディングもやってみたが、手間がかかりすぎてたいへんだったという。そこで、寄付された古着を売る店舗を出し、バザーで軽食を売ったり、チャリティーくじ引き会を催すなどして、継続的に資金を得るシステムを作り上げた。これが、ルシアたちの根気強い捜索作業を下支えするものとなった。

「ある日、古着の店に、どこかの組織の男たちが来て、みかじめ料を出せと脅した。しかし、われわれは行方不明者を探すために活動しているのだ、と説明すると、男たちは黙って帰っていった」とルシア。男たちにとっても、明日は我が身なのだ。

発掘現場へ

2017年8月、サンタ・フェの丘の発掘現場に同行させてもらった。幹線道路から入ってすぐの、公団住宅地の一角のコンビニの前が待ち合わせ場所だった。朝8時半、すぐ隣りの小学校で朝礼が行われているときに、市警察、州警察、連邦警察のピックアップトラックが次々に到着した。さらに人権委員会から派遣された職員2人とソレシートのメンバーが乗ったバンも来た。ところがそこで、日本人の女が来るとは聞いていない、許可がないと中に入れるわけにいかない、という話に。ルシアが警察の担当者に連絡を取ってくれていたはずなのだが、そこから現場の担当者に話が行っていなかったらしい。メキシコではよくある話。結局、確認が取れて出発できるようになるまで1時間も待たされた。せっかく皆そろっているのに、私のために作業が遅れてしまい、申し訳なかった。

現場はそのコンビニから、でこぼこの泥道を車で10分ほど入った場所。道の脇の放牧場では牛が草を食み、沼地にはワニもいるらしい。しかし塀の向こうは住宅用地で、その隣りにはベラクルス港から運ばれるコンテナのための物流倉庫がある。けっして人里離れた辺鄙な場所などではない。こんな場所に、おそらく夜毎に死体が運び込まれていた？　街道沿いにパトカーや警察のトラックが深夜、何台もが赤い回転灯を点け、列をなして停まっているのを見た、という目撃証言もある。しかも、穴を掘るために掘削機を使った可能性もあるというのだ。ルシアがいうように、警察がグルになっていなければありえない。

　現場は、10ヘクタールほどの放牧地。かつて砂の採掘場だったといい、地面はほぼ砂地なので掘るのはたやすい。土地の持ち主は殺されたのだそうだ。黄色い立ち入り禁止テープが張られた内側の発掘現場は、写真撮影禁止だが、中に入って見るぶんにはかまわない、といわれた。後で聞いた話では、関係者以外で中まで入れてもらえたのは私が初めてだということだった。

　遺体捜索作業はまず、周囲に灌木や雑草が生い茂っていれば、山刀で切り払って場所を開ける。そして地面に２ｍ40㎝の鉄の探査棒を金づちでたたいて打ち込む。私もやらせてもらったが、砂地とはいえ、木の根や石もあり、けっこう力がいる。鉄棒を最後まで打ち込むと、引き抜いて、付着した土の臭いをかぐ。地中に腐敗死体があれば、独特の臭いがあるのでわかるのだという。臭いがなければ、棒を抜いた後の穴に目印のために木切れを入れ、50～70㎝の間隔で再び棒を打ち込む。引き抜いた棒に少しでも怪しい臭いがあれば、ドン・ルーペと呼ばれる老人が呼ばれる。ドン・ルーペはゲレロ州出身で、自身も息子が行方不明になっており、ゲレロ州で遺体捜索活動をしていた。息子の遺体は見つけられないまま、長年の捜索活動によってその道のエキスパートとなった。ベラクルスには、捜索活動の助っ人として来ているのだ。深刻な作業のはずだが、ドン・ルーペはラジカセで陽気なダンス音楽をかけ、どぎつい冗談で周囲を笑わせている。

　隣りで掘っていた人が、ドン・ルーペを大声で呼んだ。１ｍくらいの深さに掘ったところから、赤っぽく染まった土が出てきたのだ。「血液だ」という。遺体はほとんどが黒ビニール袋に包まれて埋められているが、年月が経つうちに袋は破れ、腐敗死体から血液や脂肪が流れ出て、周囲に広がるのだという。私が触ろうとすると、「手術用の手袋をしないとダメ」と制止された。触った人の汗などから遺伝子情報が混じってしまうことがあるからだ。「独特の臭いがする」というが、私には枯れ葉の腐った臭いと区別がつかない。

その場所はさらに慎重に掘られ、さらに深く掘ったところで決定的なものが出てきたらしい。しかし、何が出たか見せてもらう前に、穴は埋め戻されてしまった。民間団体の捜査でできるのは、遺体を発見するところまで。それを掘り出すのは、検視官らの仕事である。素人が下手に触って遺体を損傷してしまってはいけないからだそうだ。遺体や、それを包んでいる黒ビニール袋が出てきたら、検視官らが到着するまで、犯人やあるいは野生動物などが来て荒らしてしまったりすることのないよう、埋め戻しておくのだという。

その脇では、2人1組で掘り返した砂をふるいにかけ、骨のかけらを探していた。ふるいの網の上に残ったのは、小石も木片も白っぽく同じように見える。しかしドン・ルーぺは、その中から一目で小指の先ほどの骨片を見つけ、拾い上げていた。

この日、作業を行っていたのは、ドン・ルーぺとあと2人。建設作業の職人と同程度の日給を、ソレシートが支払っている。そのうちのひとり、40代のダニエルは、友人が行方不明になっており、その縁でソレシートで仕事をするようになったという。ソレシートの女性2人も、ときどき作業を手伝っている。

連邦警察官２人も交代で、重そうなライフル銃を担いだまま、汗だくでスコップで掘り、人権委員会の職員も、慣れた手つきで金づちをふるっていた。後で聞いた話では、警察官も人権委員会の職員も、護衛と同行のためにいるだけで、作業に参加する義務はないそうだ。それでも、懸命に捜索する会のメンバーの姿を目にすると、ただ見ているだけではおれなくなったのだろう。

若者が強制連行に

昼食後、ソレシートの女性２人に話を聞かせてほしい、と声をかけた。現場のリーダー格のジャネットは、兄弟のひとりといとこ２人、姉妹の夫など親族ばかり計６人が行方不明になっている。その６人が同じ車に乗っているところを一斉に連行されて行った。２０１４年５月のことだった。しかし、「話がややこしいので話したくない」という。会のメンバーの中には、マスコミの取材を快く思う人ばかりではない。実際に犯罪組織にかかわりがあった人もいれば、なくても行方不明にされたのは悪事にかかわっていたせいだ、と決めつける風潮もある。また報道されることで脅しが来たりすることもあるのだ。

もうひとりのクララは、２０１０年に当時50歳だった夫が、自宅から武装集団に連れて行かれた。

夫は港湾労働者で、港で自動車などの荷の積み下ろし作業をしていた。なぜそのような目に遭ったのか、理由は何もわからない。警察に行っても相手にされなかった。妹も、息子が行方不明になっていて、ソレシートは妹が紹介してくれた。

さらにその6年後、建設労働者として働いていた当時22歳の息子が、白昼、無理やり車に押し込められ、連れて行かれてしまった。3日後、新聞に死体が見つかったという記事が出た。もしやと思って行くと、それが息子だった。見覚えのある刺青でわかった。バラバラ死体というのがどういうものか、初めて見た。

その近所では、同じように強制連行される若者が続けて出ており、いずれも理由はわからない。一部始終を目撃していた人もいたが、証言はしたくないといわれた。

息子は、幼い子どもを3人も抱えていた。その子どもたちもクララの家で一緒に暮らしている。ここに来ていると収入を得る仕事ができないので、クララは休み時間に手編みの靴を編んでいた。片足を編むのに1週間くらいかかるが、売り値は1足200ペソ（当時約1600円）。女性の手仕事はなんと安く買いたたかれることか。

発掘現場2日目

翌朝、再びソレシートのメンバーらとサンタ・フェの丘の現場に着くと、すでに大勢の制服の人たちの姿があった。前日に見つかった遺体を発掘するために、検視官のグループが来ていたのだった。連邦検察庁から5人、州検察庁から5人。検視官の作業現場には黄色い立ち入り禁止テープが新たに張られ、ソレシートのメンバーも立ち入ることができない。検視官らはそれぞれ白い防護服で全身を覆い、顔にはマスクをして、蒸し暑いなか、遠目に見ても大変そうだった。

この日は、黄色いテープの外側を掘ることになった。しばらく作業をしていると、またドン・ルーペが呼ばれた。老人は真剣な表情で探査棒の先に鼻を近づけ、うなづくと、スコップで掘る作業が始まった。その傍らでは、場所を変えながら鉄棒を打ち込む作業が続く。どちらも汗だくの重労働だ。日本人としては、機械を導入して作業を効率化できないものかと考えるが、ダ

サンタ・フェの発掘現場。手前は土中に打ち込む探査棒。

ニエルらにたずねてみると、実際にはそうもいかないのだという。探査棒を打ち込むときの、手作業でしか感じられない異物感がある。石や木の根に当たったときと骨に当たったときでは、鉄棒の感触が全然違う、という。発掘作業も、遺体を損傷してはいけないので、手作業でやるしかない。土壌が一度掘り返されたことがあるかどうか、探査する装置も使ったことがあるそうだが、サンタ・フェでは砂地のためか、うまく機能しなかったという。

昼頃、検視官らによる発掘作業がほぼ完了し、掘り出されたものを整理しているのが遠目に見えた。茶色い、大腿骨とおぼしい太くて長い骨。長さからして、大柄な男性のもののように思えた。ソレシートのメンバーに、発掘物の確認に来るように、と声がかかった。ドン・ルーペとクララが行き、人権委員が1人同行した。3人はマスクをして現場に入り、10分後に戻ってきた。クララは眉間にしわを寄せ、憔悴した顔つきだった。見つかったのは、全身の骨格と、下着と靴下、Tシャツ。性別は特定できないそうだ。

発掘現場3日目

サンタ・フェの発掘現場3日目。私も現場作業にだんだん慣れてきて、スコップで穴を掘る作業も堂に入ってきた。蒸し暑くて、5分も掘ると、汗が噴き出す。そのとき、何か黒光りのするものが出てきた。ドキッ。もしや黒ビニール袋？　人を呼ぶと、「そこまで！　それ以上掘るな」といわれた。黒い塊をそっと取ってドン・ルーペに手渡すと、「木炭だ」。ホッとする。が、しかしなぜ地中に木炭が埋まっているのか？　牧草地にするために野焼きした可能性はあるが、それが地中に埋まったのは、やはり掘り返されたせい？　そのあと、茶色っぽい土も出てきたが、それも違う、という。結局、１・５ｍほど掘ったところでここにはない、という結論に達し、埋め戻すことになった。残念だったが、１か月ほど遺体が見つからない日が続き、同じように掘っては埋め戻してばかりということもあるそうだ。

この日は、ソレシートのメンバーは、ジャネットとクララに加えて、セリアとマリアという女性２人も来ていた。

セリアは、６年前の２０１１年、息子のアルフレッドが行方不明になった。当時33歳で、妻と３人の幼い子どもたちと暮らし、働きながら勉強して大学を卒業したばかりだった。

息子は政治に関心を持ち、地元の政治家の支援をしていた。その日は、政治家の息子に付き添って、売ったばかりの車の書類を取りに州都のハラパに行ったきり、２人とも帰って来なかった。２人の消息はそれきりで、何もわからない。政治家の自宅のほうには身代金要求の電話が来たという。しかし動転した息子の妻は電話番号を変えてしまったので、犯人の側から接触はなかったようだ。息子の妻は恐怖を覚えてか、夫を探そうとしないので、私がひとりで息子を探している。あちこちに足を運び、いろいろな人に話を聞いたが、誰も何も話そうとしない。不可解なことが多すぎる。きっと政治がらみで、誘拐した者たちは権力と結びついているにちがいない。

ソレシートには1年前から加わった。ここに来てから、学習会などで法律や制度について知識を得ることができたという。

「もう6年も探し続けて、疲れた。それでも、いつか息子が戻って来たとき、母はずっと探していたよ、といってやりたい」と、涙を浮かべた。

マリアの行方不明の息子、フランシスコは、２０１５年、23歳の時に行方不明になった。ベラクルス市の南のボカ・デル・リオ市に暮らしていたが、友人から助けを求める電話を受け、タクシーで探しに行ったきり、息子も友人も戻らなかった。誰も何も見ていないといい、友人の家族も何もわからないという。警察に届け、息子のほかの友人たちにたずね、もしやと病院を訪ねて回ったりもしたが、何の手がかりも得られなかった。

フランシスコは中学を終えた後、専門学校を出て、靴屋で働いていた。なにかにつけ母親に連絡をしてくる、陽気でやさしい青年だった。ボカ・デル・リオ市の中心街で恋人と暮らしていたが、その周辺では同じように行方不明になる若者が何人も出ていた。うわさによると、犯罪組織が若者を奴隷として働かせるために強制連行して行くのだそうだ。ニュースでこの会の存在を知り、8か月ほど前から来るようになった。こうして現場に来て、発掘に立ち会いたいが、生活もある。午後にここから帰ってからできる仕事を探しているところだ。

発掘現場4日目

サンタ・フェの発掘現場4日目、警察犬が登場した。遺体発見のための専門の訓練を受けた犬で、名前は「キラ」。初対面なのに尻尾を振って寄って来てくれる、警察犬らしからぬ人懐こい女の子だ。たとえ10mの深さでも、臭いが出る穴や隙間さえあれば探知できるという。しかも、人体とほかの動物の死臭をかぎわけることができる。しかし、地面が完全にふさがっていると無理だそうだ。

この日は午前中、探査棒を地面に差し込んであちこちに穴を開け、一段落つくと、いよいよキラの出番。トレーナーの警察官が「探せ！」と指示すると、キラは足早に穴を次から次へと嗅いで回り、くしゃみを

遺体捜査犬キラ。

したり、ときには地面をひっ掻いたりしながらも、すぐに行ってしまう。結局、キラの結論は、「ない」ということのようだった。一同、がっかりして昼食に。

ところが、午後に現場に戻ると、キラが探した後の地面を男性たちが掘り返していた。あれ、どうして？　と思ったが、警察犬の判断とドン・ルーペの判断が違い、もしかしたらあるかもしれない、と掘っているのだという。その場所の発掘作業は翌日まで持ち越し、翌日の午後、深く掘った後で、結局、「やはりない」という判断に達した。無駄な汗水を流したことになってしまった。私はドン・ルーペに、「犬に負けちゃったね」と冗談をいったが、いつものどぎつい冗談で返してこず、無言のままだった。

老人の無表情に見える横顔に、ハッとした。たとえ1％でも可能性があるなら、掘って、探したいのだ。私も、一緒に作業をしているうちに、その気持ちがわかるようになっていた。私にも、地中から声が聞こえてくる気がしていたのだ。「ここにいるんだ、早く出してくれ」と。私たちが掘らずにいると、その人は永遠に土中に埋まったまま、忘れられてしまう。ほかに誰も探し出してくれる人はいないのだ。無残に失われた尊いものを、たとえ形骸だけであっても、家族に取り戻してあげたい。おそらくその思いが、その場にいる人たち皆に共有されているのだ。だから、結果的に無駄な労力を費やすことになっても、そのことで不平をいう人はいない。

生きていてほしかった

行方不明になっていた家族が、このサンタ・フェの丘から見つかった数少ないメンバーのひとり、ハラパ市に住むグリセルダに会いに行った。息子のペドロは２０１２年、州検察庁の秘書官を務めていたとき、通勤途中に助手とともに無理やりパトカーに押し込められ、それきり行方知れずになった。弁護士資格を持ち、法学の修士号なども取得していた、31歳の前途有望な青年は結婚したばかりで、シングルマザーだった母の自慢の息子だった。

ソレシートの発掘作業が始まった翌年の1月、一緒に拉致された助手とともに埋められているのが見つかった。拉致されたときに着ていた服や身分証もそのままだった。遺体の引き渡しにはＤＮＡ鑑定が終わるのを待たなければならなかったが、２か月後にはグリセルダのもとに遺体は引き渡され、葬儀を行うことができた。

検察庁内部の者が犯罪組織と癒着していて、ペドロの存在が不都合だったのだろう。失踪する以前から、毎日のように行動を見張られていたのだという。ペドロたちを拉致した犯人が誰か、特定できているにもかかわらず、逃亡中で捕まっていない。

「息子が見つかるまでは、毎日どこにいるか、どうしているかと、とても苦しかった。本当は生きていてほしかった」と、グリセルダ。

亡くなっていたのは悲しかったが、とりあえず気持ちに区切りをつけられた。捜索のためにやめてしまった仕事も、また再開する予定だ。息子を発見できたのもソレシートのおかげなので、集会などがあれば手伝いに行っているという。

ちなみにベラクルス市郊外で、ドン・ルーペらが宿泊し、捜索活動の拠点として、資材などを保管する場所になっているのは、ソレシート創設メンバーのひとり、ロサリア・カストロ・コスの息子の家だった。ロサリアは住んでいるのは別の街だが、ベラクルスで暮らしていた息子が行方不明になっているので、その家を会の活動のために使わせているのだという。彼女は歯科医だったが、ひとり息子が行方知れずになって以来、仕事は辞め、息子の捜索と会の活動に専念するようになった。

「事件以来、生活は180度変わってしまった。心理的にも、もう仕事を続けるのは無理だった。パーティーにも行かなくなった。にぎやかなところは耐えられない」とロサリアは苦しげに語った。

2011年のクリスマスの日、当時38歳だった息子のロベルトは、恋人と一緒に車に乗っているときに何者かに拉致され、行方知れずになった。高校教師として働いていたベラクルス市から、車で4時間ほどの私の家に休暇で来る途中だった。一緒に暮らし始めた恋人を紹介するといっていた。しかし到着予定の時刻になっても息子たちが来ないので、私は心配になってあちこちに電話をかけ、翌日から警察や病院などを回って探し始めた。

ベラクルス市からの街道沿いに、行方不明の２人の写真と電話番号を入れた張り紙をした。するとしばらくして匿名の電話があり、その２人と思しい人たちが車から無理やり降ろされているのを目撃した、と伝えられた。しかし電話してきた人はその後番号を変えてしまったらしく、連絡がつかなくなってしまった。車両強盗だったかもしれない、と、廃車置き場などを探して回っていたところ、武装した男たちが来て、余計なことをしていると殺すぞと脅された。

その後、ルシアと出会ってソレシートの会を立ち上げ、ベラクルス市やメキシコシティなどでデモを行ったり、ほかの行方不明者家族の支援をしたりしている。クリスマスの日に、行方不明者の写真を飾ったクリスマスツリーを街の中央広場に飾ったところ、街をゆく人々はその数の多さに驚いていたという。

匿名の地図が導く

ベラクルス州で殺人や行方不明者が多発しているのは、中部沿岸のベラクルス市周辺だけではない。南部の農業地帯や内陸部の街も、目立たないが「戦場」と化している。ベラクルス市から車で約2時間の内陸の街、コルドバは、州内で3番目に人口が多い行政区。コーヒーの特産地で、小ぢんまりとした中心街はコロニアル建築の建物が美しい。普段は静かな落ち着いた街だが、前年の殺人件数は州内最多を記録するほどで、中心街にも軍の装甲トラックが停車していた。

中心街の大聖堂の脇にある、コーヒー博物館と市立博物館が、数少ない観光スポットだ。時間があったので、その2か所を訪れてみた。どちらも訪問客はわずかで、職員に個人ガイドをしてもらえた。コーヒー博物館では、コーヒーの木の育て方からおいしいコーヒーの淹れ方まで教わり、市立博物館では先史時代からのコルドバの歴史をたっぷり聞いた。右の耳から左の耳に抜けただけだったが…。気になったのが、見学ツアーの最後に、どちらでも、「写真を撮らせてほしい」といわれたことだった。「なぜ?」とたずねると、どこかおずおずとした調子で、「来訪者の記録のために、上司からいわれているので…」という。よそ者の顔をチェックしたい、ということだろうか。組織間の戦場だから、ありえるだろう。

ルシアから、この街で精力的に活動しているマルセラ・スリタを紹介してもらっていた。コルドバにも40人近いメンバーがいる。

息子のドリアンは、2012年11月、31歳のとき、友人とガソリンスタンドにいたところ、何者かに連行されて行き、それきりになってしまった。白昼、目撃者もいる中でのことだった。警察に訴えたが、なにも動いてくれなかった。その後、身代金請求の電話が来た。何とか現金を工面して、指示された場所に持参した。息子の身柄は、隣りのプエブラ州の辺鄙な村で引き渡すといわれ、指定の場所に行って待った。しかし、いくら待ってもドリアンは現れなかった。家族や友人らと交代で、１週間もその場所や周辺を捜し回り、地元の人にもたずねて回ったが、見つからなかった。

息子ドリアンの写真を掲げるマルセラ。

シングルマザーのマルセラはドリアンとともに不動産業を営み、犯罪などとは縁のない暮らしだった。一緒にいた友人の方に何かあったのかもしれない、という。それ以来、マルセラの生活は一変した。仕事も辞めて、息子の捜索と、ほかの行方不明被害者の家族の支援のために自分の時間と情熱のすべてを注ぐようになった。自分がひとりで探してずっと辛い思いをしてきたので、同じ思いの人たちの力に少しでもなりたい、という思いからだった。

ある日、マルセラがほかの被害者家族とレストランで話をしていると、通りかかった見知らぬ男が紙ナプキンに地図を書いたものをテーブルに置いていった。秘密墓地の場所らしかった。警察の協力で発掘捜査を行ったが、結局その場所からは何も出なかった。それでもマルセラは、きちんと捜索すれば発見できるのではないかと疑いを持っている。

その後、ＳＮＳを通じて、再び匿名の人物から別の場所の地図が届いた。さらに別の日、自宅の玄関の下に、地図を書いた紙が置かれているのを発見した。警察と一緒に現場に行ったところ、いずれの場所も、かなりの数の遺体が隠されている可能性の高い秘密墓地だとわかった。そのうちの２か所は古井戸で、中に20体くらい投棄されている可能性があるという。古井戸の地主に話を聞きに行くと、自分のところが遺体の遺棄場所になっていることは知っているがどうしようもない、早く出してほしい、といわれた。井戸は水で満たされているので、ダイバーの協力を求めなければならない。州検察の手が足りず、サンタ・フェの丘の発掘作業がひと段落しないことには、こちらの発掘にはかかれないという話だった。

マルセラの活動はマスコミでも報道され、注目を集めたが、それを快く思う人ばかりではなかったようだ。一時、警察官がマルセラの家や車を見張り、いやがらせを受けることが続いたという。熱情的で怖いもの知らずのマルセラだけに、脅されても活動を止めることはないだろう。だがメキシコでは、行方不明の息子や娘を探す母親らが何人も殺害されているのだ。

報道されない集団拉致事件

コルドバで会ったもうひとりの被害者家族の女性、ロサ・マリアは、２０１３年２月に行方不明になった息子リカルドの帰りを待っている。息子は当時25歳で、妻と当時２歳の子どもと暮らし、ささやかな洋品店を経営していた。

息子は、たまたま仕事で訪れたアトヤック行政区の町で、ほかの地元の若者たち20人以上と一緒に、覆面の警察官の集団に拉致された。ナンバープレートが隠された10台ほどのパトカーが来て、無理やり乗せられ、連れて行かれたそうだ。アトヤックは、ベラクルス市とコルドバ市の中間くらいにある町だ。地元にはサトウキビ畑と製糖工場があるくらいでほかに産業はなく、仕事のない若者の中にセタスのために働くものが多いと聞いた。一緒に拉致被害に遭ったのは全員男性で、最年長は60歳、最年少は14歳と16歳だった。これほどの規模の集団拉致行方不明事件にもかかわらず、ゲレロ州のアヨツィナパ教員養成大学の43人学生行方不明事件の前だったため、報道もあまりされなかった。

被害者家族の中には脅されて警察に訴えようとしない人たちも少なくなかったが、家族の会がつくられ、これまで情報交換や捜索活動を行ってきた。その後、拉致現場から生き延びた人が証人となり、実行犯の地元警察署長が逮捕された。犯罪組織が市民を集団拉致する目的で、地元警察がパトカーと警察官を貸し出したこともわかった。

地元では、拉致されて行った人たちは、どこかで犯罪組織のために働かされているのかもしれない、とうわさされている。連れて行かれたのはほとんどが健康な若者ばかりで、年配でも自動車の整備工など、専門技能を持った人が選ばれていたというのだ。行方不明になる女性も地元では多いが、それも若くきれいな女性ばかりが狙われるという。犯罪組織の性奴隷にするために拉致して行っているのではないか。

リカルドは今月、29歳になる。どこかで生き延びていてほしい。ロサの父親は孫を溺愛していたので、リカルドが帰って来るまでは死ねない、とずっといっていたが、その年の1月に亡くなった。さらにロサの夫も、持病の糖尿病が悪化して4月に他界した。相次ぐ悲しみに、ロサは不眠に悩み、睡眠薬に頼ることもあるという。「仕事が忙しいので、それに集中している。それにリカルドの娘と、もうひとりの孫がどちらも5歳で、かわいい盛り。一緒に住んでいるので、その2人から元気をもらっている」と、ロサはかろうじて笑顔を見せてくれた。

ロサに限らず、行方不明犠牲者の家族のなかには、愛する家族の消息を案じて不眠に悩み、睡眠薬なしでは眠れないという人も少なくない。犠牲者支援法が成立し、犯罪被害者の家族の精神的苦痛を和らげるため、専門的なカウンセリングを受けられるなどの制度もあるが、カウンセリングに行く時間がないなど、恩恵を受けられる人ばかりではない。

第3章　女性殺人の街はいま――シウダー・ファアレス

米墨国境の街、シウダー・ファアレスといえば、女性殺人の街、そしてメキシコ麻薬戦争の戦場、と連想する人も多いかもしれない。この街を舞台した映画が、そのイメージを定着させてきた。２００７年のジェニファー・ロペス主演の『ボーダータウン　報道されない殺人者』は、当時、ファアレスで女性殺人が多発している現状を世界に訴える作品だった。２０１３年のドキュメンタリー『皆殺しのバラッド』では、頻発する殺人事件に捜査が追い付かないさまが描かれた。２０１５年のベニチオ・デル・トロが出演した『ボーダーライン』は、アメリカ目線の娯楽サスペンスだが、そこでもシウダー・ファアレスは、銃声が遠雷のように響き渡り、橋の欄干から惨殺死体がぶら下がる無法の街だった。

実際、２０００年代初めは、この街は世界でもっとも危険な都市として悪名を馳せていた。私が初めてシウダー・ファアレスを訪れた２０１２年には、すでにカルテル間の抗争は下火になって、世界一の座をホンジュラスのグアテマラとの国境の街、サン・ペドロ・スーラに譲っていた。それでもまだ麻薬戦争の傷跡は生々しかった。

2度目に訪れたのは2020年。街は打って変わって活気に満ち、平和な日々が戻ってきたように見えた。人にしても街にしても、一度は不幸に見舞われ、悲惨な体験を経ても、時とともに立ち直り、再び輝きを取り戻すことは可能なのだろう。しかし、過去の影は本当に過去のものになったのだろうか？

ドラッグ・ウォー・ゾーン

「ツイン・シティ」――ひとつの街が国境を挟んで2つに分かれ、双子のように並んで成長している街。しかし属する国が違うことで、その境遇は大きく異なってしまう。

シウダー・フアレスと、国境になっているリオ・ブラボー川の北側のテキサス州エル・パソとは、もとはひとつの街だった。それが、19世紀の米墨戦争でメキシコが敗れ、川の北側がアメリカ領になった。今も川の両側はひとつの都市であるかのように、毎日国境の橋を渡って通勤や通学をする人もいれば、家族が川の両側に分かれて住んでいたりもする。マキラドーラと呼ばれる経済特区の組み立て工場も、同じ企業の工場が、国境の北と南に分かれて操業している。

シウダー・フアレスは、アメリカの文化人類学者ハワード・キャンベルの民族誌『*Drug War Zone*（麻薬戦争地帯）』[1]を読んでから、一度は訪れてみたいと思っていた。国境という特殊な環境が、麻薬密輸をはじめとする独特の文化を涵養しているというのだ。キャンベルによれば、ファアレスでは国境というものは障壁というより資源である、という。そこに国境があるから人々を引き付け、産業が栄える。表だけでなく、裏社会の産業も。国境の北と南の、無慈悲なまでの格差が、まるで水力発電のダムのようにエネルギーを生み出すのだ。人々は、国境の北と南の商品の価格差をよく知っている。昔から、北に出かけたお土産に、ウイスキーのボトルを車のトランクの奥にいくつか入れて、こっそり持ち帰るのは常識だったという。

ファアレスの麻薬密輸の歴史は古い。アメリカの禁酒法時代（１９２０～33年）は浅瀬を渡ってメキシコ側から酒が運ばれ、アメリカ人も週末の酒盛りを楽しむためにファアレスに来ていた。禁酒法が終わってのちは、アヘンやヘロイン、マリワナなど麻薬が密輸の主役になる。１９７０年代までファアレスで名を馳せたのが、「ヘロインの女王」こと「ラ・ナチャ」、イグナシア・ハッソという女性ディーラーだった。彼女は地元の篤志家でもあり、警察や政治家に幅広く賄賂を贈り、その組織は今日に至る近代的な麻薬カルテルのモデルとなった。

その後、この地域を支配したのが、ファアレス・カルテルのアマド・カリージョだった。何機ものボーイング７２７型機を所有し、コロンビアから空輸で、メキシコ経由でコカインを運ん

1　Campbell, Howard, *Drug War Zone: Frontline Dispatches from the Streets of El Paso and Juárez*, University of Texs Press, 2009.

だことから、「天空の王」と呼ばれた。カリージョは1997年に整形手術の失敗で死亡した、ことになっている。が、この手の大物マフィアの場合は実は生きていた、ということもしばしばで、その後の目撃情報もささやかれている。ともかく、アマド・カリージョが表舞台から姿を消して後、シウダー・フアレスは、シナロア・カルテルとカリージョの兄弟ら、さらにその息子たちによって支配されることになった。

シウダー・フアレスは当時、コロンビアから米国に運ばれるコカインの約7割がここを通過するとされる、麻薬密輸の最重要拠点だった。シナロア・カルテルの「エル・チャポ」ことホアキン・グスマンは2007年末、この街の支配権を奪い取るため宣戦布告した。チャポは「ヘンテ・ヌエバ（新しい人々）」と名付けた精鋭の武装部隊を送り込み、フアレス・カルテルの武装部隊、「ラ・リネア」との間で文字通り血を血で洗う争いを繰り広げた。貧困地域で縄張り争いをしていた地元ギャング団を、シナロアとフアレスがそれぞれの傘下に引き入れ、少年たちに武器を与えたことで、さらに被害者が増えた。一時は72時間の間に50件以上の殺人事件が起きるまでになっていた。

当時のカルデロン大統領が、「麻薬戦争」として陸軍や連邦警察の部隊を送り込んできたことは、沈静化よりも火に油を注ぐ結果になった。マフィアが軍資金を稼ぐ必要にかられ、商店や企業へのみかじめ料の取り立てを始め、恐喝、誘拐、強盗など、一般市民を標的にした犯罪が一気に増えたのだ。

２０１０年は、シウダー・フアレスで残忍な大量殺人が続いた年だった。１月には高校生たちのパーティーを武装集団が襲撃し、犯罪組織とは無関係な少年ら16人が殺害された。誤った情報で指令が下されたとみられる。６月には、教会が運営する薬物依存リハビリセンターに武装集団が乱入し、19人が惨殺された。10月には子どもの誕生祝いパーティーが襲撃され、母親や少年ら14人が殺害された。事件の数分後に連邦警察のパトカーが通りかかり、住民らが叫んだにもかかわらず、救助もせず立ち去ったという。

シナロアとフアレスの４年に及ぶ激しい抗争の末、２０１１年、シナロア側が街を支配するようになり、暴力はとりあえず沈静化した。一方のラ・リネアは、フアレス・カルテルと同盟関係を維持しながら独立し、シウダー・フアレス周辺と、チワワ州からソノラ州にかけての山岳地域をテリトリーとした。

「メキシコの黄金の三角地帯」と呼ばれるのが、このチワワ州、ソノラ州、シナロア州、ドゥランゴ州の州境を中心とした山岳地帯である。マリワナやアヘンゲシの栽培地帯で、さらにアメリカ国境を目指す麻薬密輸の重要なルートのひとつにもなっている。２０２０年時点で、チワワ州だけでも12の犯罪グループが、互いに連携し合ったり反目し合ったりしながらテリトリーを分け合っているとされ[2]、いつどこで銃撃戦が起きてもおかしくない火薬庫のような地域

2　En Chihuahua operan 12 grupos criminales - La Verdad Juárez (laverdadjuarez.com)

のひとつである。

かつてのゴーストタウンは

初めて訪れた2012年当時、シウダー・フアレスの中心街は、どこも土気色で、人影もまばらだった。表通りから1本裏に入ると、ぎょっとするような取り壊しかけの建物が並び、火事で焼け崩れたバーなども見えた。タクシーの運転手によると、再開発の工事中なのだということだった。私が予約したホテルはそのゴーストタウンのはずれで、周りは営業しているのかいないのかわからない、くすんだ色の建物ばかり。その場で回れ右して帰りそうになったが、ほかに行くあてもなく、1泊25ドルという安さもあって、とりあえずチェックインした。

ホテルの並びの古ぼけた店舗を見ると、パーティー用品やレンタルドレスの店が多い。近くには貸パーティー会場もあった。これも国境の街ならではのものだという。アメリカ側の人たちが、安上がりにパーティーをするためにやってくるのだ。結婚式やメキシコ系の人たちの習慣の「キンセアーニョス」という15歳の女の子の誕生パーティーも、同じ予算でもアメリカ側でやるよりずっと豪華にできる。さらにアメリカでは21歳にならないとアルコールは飲めないが、メキシコに来れば18歳から飲める。少しくらい羽目を外しても、メキシコでは警官に賄賂を払えば見逃してもらえる、というわけだ。

フアレスでは、街角で道をたずねると、皆とても親切に教えてくれる。フアレスの人はもともとフレンドリーで親切なのだ。しかし治安が悪くなってからは、よその人とは目を合わせないなど、用心深くなってしまったという。ひとりで通りを歩いていると、「気をつけなさい」と何人もからいわれた。

この街には、アメリカ風の広い道路にファーストフードやチェーンレストランの並ぶ近代的な区域もあり、また病院が建ち並ぶ地区もある。これも国境の街ならでは。安く医療を受けるために、アメリカ人がフアレスにやってくるのだ。国境近くには薬局が軒を並べ、「バイアグラ」などの広告も見える。

しかし通りによっては、道路の両側の商業施設がことごとく閉まって、「貸店舗」の看板ばかりというところも。まだ新しく見える店舗もしかり。マフィアの恐喝のせいなのか？　歩道のあちこちに大きな穴が開いていたりと、文字通り終戦直後といった様相だった。

旧市街の中心に大聖堂があり、その脇に昔ながらの市場がある。市場はまだ明るい6時頃には店じまいを始め、代わって酒場の前に人の姿が目立ってきた。薄暗い角ごとに、人待ち顔の男や女が立っている。キャンベルの民族誌によれば、フアレスではコカインやヘロインは、主食のトルティージャを買うより簡単に買え、街角で一声かければいいだけだとあった。２０１２年当時は、おそらくまだそのとおりだったのだろう。

２０２０年３月に再訪すると、中心街の風景は一変していた。再開発が急速に進み、とくに国境ゲート近くは工事ラッシュといっていいほど。新しい商業施設が建ち、街に活気が戻っていた。かつてバーやキャバレーが軒を並べ、麻薬の売人がたむろしていた一角は取り壊されて広い公園になり、この街で人気の20世紀のコメディアン、「ティン・タン」ことヘルマン・バルデス博物館ができていた。女性や子どもも安心して歩ける場所になったようだ。

街を歩き回ってみても、かつてのような「貸店舗」の看板はほとんど見られなくなっていた。耐用年数がとっくにきていそうなボンネットバスが、排ガスをまき散らしながらブンブン走り回っているところだけは同じだったが。その風景も、いつまで見られるかわからない。

ファレス―エル・パソ国境地帯

ファレスとエル・パソは、リオ・ブラボー川にかかった5つの橋で結ばれている。中心街にあるのが、パソ・デル・ノルテ橋、別名サンタ・フェ橋ともいう。2012年に訪れたとき、この橋を徒歩で渡って米国側に行ってみた。当時は通行料は6ペソで、自動支払い機に入れて、橋のゲートを入る。橋の長さの割に川の水は少ない。これなら昔は歩いて渡れたわけだ。コンクリートの土手に「人殺しの国境警備隊」などとペンキで書かれているのが見えた。橋の真ん中に国境を示すプレートがあった。その先に黒いサングラスに黒い制服の、いかにも、という風情のアメリカ人警官がいたので写真を撮ると、「写真を消せ、消さないと連行するぞ」とえらい剣幕で怒鳴られた。アメリカ側に着き、入管の前で並んで待って、移動させられ、また待って、晴れてエル・パソ側に出たときにはもう3時間が経過していた。

　この国境の橋を、毎日渡って通勤や通学している人も多い。たいがいのファアレスの住民は、エル・パソの一定の地域までなら自由に行き来できるビザを持っている。その地域を越えて行きたい場合は、先の建物で何時間も待って手続きをしなくてはならない。最近はアメリカの市民権を申請する人が多く、ファアレス市民のとくに若い世代の多くがエル・パソに移り住んだという。

　エル・パソの中心街には瀟洒なビルが建ち並び、通りは清潔で、歴史的な建物を保存した一角もある。ファアレスの埃っぽさはなく、空気さえ違うように感じられる。ここエル・パソには米軍基地もあり、アメリカ全土でももっとも治安のよい街のひとつなのだ。エル・パソ散歩を終え、暗くなる前にファアレス側に戻ろうと、メキシコ系らしい地元の人に道をたずねると、怪訝な顔で「なんでファアレスになんか行くんだ？」と驚かれた。２０１２年は、まだそのような時期だった。

　国境のツイン・シティであるファアレスでは、郊外に近代的なマキラドーラが広がり、工場の脇には貨物専用の鉄道がある。１日数回、アメリカ側の工場との間で貨物列車が行き来する。人手を要する部分の作業は人件費の安い南側で、仕上げは北側で、というわけだ。貨物コンテナに加え、無数の大型トラックが、部品や半製品を北へ南へと毎日ピストン輸送する。マフィアのゆすりに遭うなどして閉鎖する工場もある一方で、新たに参入する外資もあり、ファレスのマキラはつねに成長を続けている。

工場のひとつのすぐ脇に、カラフルな絵で壁が飾られた保育園があった。これはマキラに欠かせない存在だ。輸出加工工場では、安価な労働力として多くの女性を雇用している。毎日交代制で働く従業員のために、郊外の住宅供給公社の団地からバスの便があり、母親たちは子どもを連れて出勤してくるのだ。

その工場労働者たちのための団地も訪れてみた。半砂漠地帯の埃っぽい山肌に張り付くようにして並んで建つ、パステルカラーに塗られたささやかな公団住宅。思わず、「クリアカンの墓の方が大きい…」とつぶやいてしまった。周りには何もなく、買い物もバスなどで郊外の大型スーパーに行くしかない。

シウダー・ファレスの郊外には、山肌に「聖書は真実なり。読みなさい」と大書された山がある。樹木のほとんどない山に描かれた巨大な白い文字は、国境の反対側からもよく見えるほどだ。30年以上前にペンテコステ系のキリスト教会によって描かれ、批判もあったが消されることなく、今ではファレスの風景の一部となっている。

「聖書の山」と呼ばれるこの山のふもとの地区は、かつてはファレスでも有数の治安の悪い地区だった。ギャングが抗争を繰り返し、事件が起きてもパトカーはなかなか来なかったという。それが地元のNGOなどの活動もあって、最近では暴力は格段に減った。ギャング団につきもののグラフィティ（壁の落書き）も目につかない。描かれたらすぐに消して、きれいな絵を描き直しているのだという。

女性殺人の街はいま

シウダー・フアレスといえば、女性殺人と連想してしまうが、現在はどうなっているのだろうか？　２０２０年にシウダー・フアレスを訪れたとき、パソ・デル・ノルテ人権センターのオスカル・エンリケス神父を訪ねた。この街で長く、行方不明者の家族や当局による拷問被害者、さらに女性殺人の被害者家族の支援を行ってきた人だ。

シウダー・フアレスの名前は、最近では国内での犯罪率ランキングで、必ずしもトップには上がってこなくなった。犯罪の発生率は、犯罪組織同士の抗争が激しい場所で急上昇するので、その時々で入れ替わるのだ。それでも、この街での女性殺人の数は依然として多い。一時にティフアナなど他の都市に全国一の座を譲っていたが、２０２０年には再び女性殺人の数は全は全国最多となっていた。[3]　オスカル神父によると、「市当局は、街は安全になったとアピールするためために、女性が殺されても『女性殺人』と数えず、別の区分でカウントしていたりもする。し

3　Feminicidios en México se concentran en el 18% de los municipios: Conavim (animalpolitico.com)

かし実際には、ジェンダーを理由に殺されている女性の数はもっと多い」という。

ここシウダー・フアレスで、女性殺人や若い女性の行方不明事件が頻発するようになったのは、とくに1990年代半ばからだった。行方知れずの娘たちを探す家族の会が、全国に先駆けていくつも立ち上がっていた。しかし、なぜこの街に女性殺人がそれほど多いのか？　オスカル神父は、マスコミなどから何度も聞かれているであろう質問にも、面倒がらず丁寧に答えてくれた。

1990年代後半、北米自由貿易協定締結以降、この街では急速に工業化が進み、低賃金の工場労働者として若い女性が雇用されるようになり、地方から多くの女性が移住してきた。郊外のスラムには人間的な生活環境も整わない地区が多く、家庭内暴力も多い。一方、もともとナイトクラブやバーなどが集中する地域でもあり、売春や麻薬使用も根付いていた。犯罪組織の支配力が強く、警官や政治家も犯罪組織と結びついているので、捜査がほとんど行われない、という現状がある。女性や移民など、弱者が暴力を受け、裁かれることもないという環境であることも要因だ。

国境の、もともと治安が不安定だった街で人口が急増したことから、犯罪率も急上昇した。1994～2001年の間の殺人被害者数は、男性が300％の増加、女性はなんと600％

風詠社の本をお買い求めいただき誠にありがとうございます。
この愛読者カードは小社出版の企画等に役立たせていただきます。

本書についてのご意見、ご感想をお聞かせください。

①内容について

②カバー、タイトル、帯について

弊社、及び弊社刊行物に対するご意見、ご感想をお聞かせください。

最近読んでおもしろかった本やこれから読んでみたい本をお教えください。

ご購読雑誌（複数可）	ご購読新聞
	新聞

ご協力ありがとうございました。

※お客様の個人情報は、小社からの連絡のみに使用します。社外に提供することは一切ありません。

料金受取人払郵便

大阪北局
承　認

1635

差出有効期間
2025 年 1 月
31日まで

（切手不要）

郵 便 は が き

5 5 3-8 7 9 0

018

大阪市福島区海老江5-2-2-710

㈱風詠社

愛読者カード係 行

ふりがな お名前				大正　昭和 平成　令和　　年生　歳	
ふりがな ご住所	□□□-□□□□				性別 男・女
お電話 番　号		ご職業			
E-mail					
書　名					
お買上 書　店	都道府県　市区郡	書店名	書店		
		ご購入日	年　月　日		

本書をお買い求めになった動機は？
1. 書店店頭で見て　2. インターネット書店で見て
3. 知人にすすめられて　4. ホームページを見て
5. 広告、記事（新聞、雑誌、ポスター等）を見て（新聞、雑誌名　　　）

もの増加があったという。

そこにきて、２００６年からの「麻薬戦争」によって、街はまさに「戦争」状態になった。戦争という極限状態の中で、拷問、虐待、そして性暴力はさらに頻発するようになったのだ。

カンポ・アルゴドネロ

シウダー・フアレスの女性殺人の不条理を象徴する場所に、オスカル神父が案内してくれた。「カンポ・アルゴドネロ」といい、女性殺人犠牲者の記念碑があるところだ。場所の名前はスペイン語で「綿花畑」を意味し、かつて綿花の栽培畑だったことがある、街外れの荒地だった。しかしいまはアメリカ領事館に近いことから、フアレスでもとくに高級な住宅やホテルが立ち並ぶ地区になっている。一見すると明るい、しゃれた感じの公園だが、中に入るとピンクの十字架がいくつも立っている。公園の一角にある壁に、その場所で惨殺遺体となって発見された8人の女性たちの名前が刻まれていた。そのなかには未成年者も含まれている。始まりは、２００1年11月、そこで3人の女性の遺体が発見されたことだった。

犯人らは逮捕され、余罪も自白し、ほかの犠牲者の遺骨も見つかった。悪魔儀式のために若い女性を誘拐し、暴行し、殺害していたというのだ。だが被害者家族の怒りは、犯人だけでなく政府にも向かった。何しろ警察は最初、捜索はおろか、遺体の身元確認すらしようとしなかったのだ。家族らが自ら国際ＮＧＯのアルゼンチン法医学チームに依頼してＤＮＡ鑑定を行ってもらい、それでやっと遺骨が家族のもとに帰ることができた。

女性殺人被害者を祈念するカンポ・アルゴドネロ公園とオスカル神父。

遺族らはメキシコ政府の責任を問うべく米州人権委員会（ＣＩＤＨ）に訴え、その結果、２００９年11月、ＣＩＤＨは、メキシコ国家は女性たちの安全を保障する義務を怠ったとの判決を出し、また犠牲者らを悼むためのモニュメントの設立を命じた。そうしてつくられたのが、この記念公園である。

この裁判の判決のなかで、「女性殺人」を「ジェンダーを理由として女性を殺害すること」、つまり女性であるがゆえに殺害されたケースと定義している。これをきっかけに、「女性殺人」というひとつの犯罪ジャンルが定義され、捜査や裁判にジェンダーの視点が導入されるようになった。

一般に、女性が殺害されたり、誘拐されたりするのは、もっぱら女性自身に問題になるような振る舞いがあったせいだ、とみなされがちである。これはメキシコでも日本でも同じだ。夜遅くにひとりで出歩いていたから、ミニスカートをはいていたから、悪い男と付き合っていたから、などなど被害者を責めるようなことばかりがいわれる。そのため事件は軽視され、捜査はなかなか行われない。まして行方不明の場合は、「男と駆け落ちしたのだろう」と決めつけられ、「そのうち帰ってくる」といわれて、重要な初動捜査が行われないことになる。

「女性殺人」というジャンルが浸透してきてからは、マスコミの注目度が多少は変わってきた。それでも、マスコミは人権よりも興味本位に流れがちである。被害者が若く美しければ、顔写真がネット新聞を飾り、どんな残酷な仕打ちを受けたかを書き立てられ、ひどいときには惨殺死体の写真までスクープされる。その一方で、犯人が（運よく）逮捕されても、プライバシー保護だとして顔写真にはボカシや目隠しが入れられ、フルネームも明かされないのだ。

ナバホ谷の連続女性殺人

カンポ・アルゴドネロ事件から約10年後、２０１２年から２０１３年にかけて、シウダー・フアレスで、さらに身の毛もよだつ、そして不可解な連続女性殺人のニュースが流れた。街から南東に約70㎞の郊外にある「ナバホ谷」と呼ばれる半砂漠地帯の涸れ川で、18人の、それも若い女性ばかりの遺体が見つかったのだ。遺体は埋められてさえおらず、野ざらしで放置されていた。砂漠地帯の酷暑と強風と、コヨーテのような腐肉食の動物によって、遺体は時とともにバラバラにされてしまう。ひとたび降雨があると、激流が地表をさらい、いくつもある支流沿いに広範囲にわたって遺骨が散乱することになる。犯人はそれを熟知していたかのようだ。捜索を重ねるたびに発見される遺骨の数は増え、のちにその数は27人にまで増えた。ＤＮＡ鑑定が進んで、識別された人の数が増えたのだ。女性ばかりの集団秘密墓地としてはメキシコ最大のものである。

犠牲者らは、いずれも市内で行方不明になっていた15歳から25歳までの女性たちだった。最年少は、中学2年生の少女だった。動きの鈍い検察に対して遺族が激しく抗議し、デモや抗議行動を重ねた結果、州検察は事件にかかわったとする人身売買ネットワークを摘発した。その裁判は、マスコミの注目を集め、「世紀の裁判」とまで呼ばれた。地元のギャング団「ロス・アステカス」の関連グループが、仕事を探して中心街に来た女性たちをだまし、監禁して売春や麻薬の小売りをさせていたというのだ。履歴書に書かれた住所や家族の名前を利用して、言うことを聞かなかったら家族を殺すなどと脅したとされる。反抗したり、働けなくなった女性は殺されて、ナバホ谷に捨てられた、と説明された。これによって、２０１５年、犯人とされた6人のうち5人に、それぞれ６９７年6か月、残る1人に４３０年という、重い実刑判決が下された。事実上の終身刑である。

しかしこの裁判は、本当に正当なものだったのだろうか？　オスカル神父はこの裁判をずっと傍聴していたが、「とても納得できるものではない」と首を振った。判決はほとんどが、２人の保護証人の話に基づいており、その証言は矛盾だらけで、うち１人は何度も前言を翻して逆の証言を行っている。証言を裏付ける物的証拠は出されていない。有罪判決を受けた男性たちは、誰も再審の請求をしなかった。しかしこれは、本当に罪を犯していた、ということを必ずしも意味しない。確かなのは、再審のための費用が払えない、貧しい人たちであるということだ。実際には組織の下っ端や、あるいは無実の人が罪をかぶせられているのではないか？　メキシコでは真犯人をかばうために、弁護士を雇えない貧しい人にぬれぎぬを着せて刑務所に入れるというケースが横行している。ゲレロ州のアヨツィナパ教員養成大学学生43人行方不明事件でも、当初、まったく無実の人たちが警察で殴られ、拷問を受けて、嘘の自白をさせられて、刑務所に入れられていた。

事件を検証した専門家らは、腐敗した治安当局、とくに軍のかかわりを疑っている。犯行が行われたとされる時期、シウダー・フアレス郊外には、連邦警察と陸軍の部隊が駐屯し、常設の検問所が設けられていた。麻薬密輸の取り締まりのためである。ナバホ谷まで行って帰るには、その検問を通過しないで行くことは、ほとんど不可能だ。被害者女性の母親らは、「殺されてか生きてか、女性を車に乗せて行き、向こうに遺体を置いて戻ってきて、それを誰もチェックしていない、などということはありえない」という。もし女性が生きた状態なら、自らの意思に反して拘束されているのが、兵士らの目にも明らかなはずだ。
また、殺害された女性の何人かは、行方不明になった日と同じ服装のまま遺体で見つかっている。必ずしも長期間、売春させられていたわけではないのだ。女性たちは縛られていたが、その縛り方が軍に特有のもので、さらに殺害の仕方も非常に訓練された正確なものだった、という情報もある。軍人あるいは元軍人の関与が疑われるが、逮捕された人物のなかに軍隊経験のある者はいなかった。このような物的証拠に関しては、なにも捜査が行われないままである。[4]
この事件の犠牲になった女性たちを祈念するために、2022年8月、ナバホ谷の現場近くにモニュメントが建立された。しかし事件に関しては、実際のところ、真実は謎のままである。被害者のなかには実際に、強制売春の被害者もいたかもしれないが、少なくない数の被害者は、サイコキラーの軍人の犠牲になったようにも思える。オスカル神父は、「軍が絡むと、解決は難しくなる」と顔をしかめた。この事件は、シウダー・フアレスでの女性殺人に関して、不処罰の現状が続いていることを示したに過ぎない。
中南米各国をはじめ、アフリカや中東など世界各地の紛争地で遺体の身元確認作業に当たってきたアルゼンチン法医学チームのメンバーによると、「ほかの地域では、殺害された人がいれば、加害者はどの組織なのか、だいたいわかる。軍や警察なのか、準軍事組織なのかゲリラなのかなど。しかしシウダー・フアレスでは、被害者のことはわかっても、加害者のことはわからない」[5]というのだ。フアレスの女性たちは、ナバホ事件のように集団的に殺害されることもあれば、パートナーや知人などに殺されることもある。いずれにしても、事件が解明されて犯人が捕まることはめったにない。この街の女性殺人に共通する要素といえば、国内外からの移民と麻薬密輸が集中する、犯罪組織が支配する国境の街という、特殊な環境かもしれない。暴力による支配と不処罰の現状が、ジェンダー間の暴力を加速させているのだ。

　カンポ・アルゴドネロ公園の壁には、つい最近描き足された女性の肖像があった。私が訪れた日の２か月前に、何者かに銃で撃たれ殺害された、デザイナーでフェミニスト活動家でもあったイサベル・カバニージャス。４歳の子どもをもつシングルマザーだった。殺害予告を受けていたという。いつも自転車で元気に走り回っていた人だった。中心街の街角に、彼女の死を悼む壁画が描かれているのを見かけた。殺害の動機は、彼女の活動に関連したものだったのか、それとも別のものか。彼女の事件も、何も解明されないままである。

4　32.pdf (ecorfan.org)ELABORACIÓN DE UN DOCUMENTO BASE PARA EL SEGUIMIENTO DE LA CONVENCIÓN BELEM DO PARÁ (mesecvi) Y UN ESTUDIO DE CASO: EL CASO DE ARROYO EL NAVAJO (cndh.org.mx)
Ciudad Juárez, el cementerio de mujeres más grande de México: ¿Justicia fabricada? (eluniversal.com.mx)
Crónica Errática - Reportaje - Arroyo El Navajo: feminicidios en Ciudad Juárez con un marchamo militar (cronicaerratica.com)

5　https://www.bbc.com/mundo/noticias/2010/12/101210_101210_mexico_juarez_feminicidios_forenses_argentinos_irm

殺害されたイサベルを悼む壁画。

第4章　自警団のたたかいとその後――ミチョアカン州「熱い土地」

2016年5月、メキシコの混乱極まる麻薬戦争の現状を描いたドキュメンタリー映画『カルテル・ランド』が日本で公開された。衝撃的な戦闘場面、そして観るものを唖然とさせるどんでん返し、事実は小説より奇なりを地でいくストーリーに、メキシコのことを知らない人の間でも話題を呼んだ。舞台となったミチョアカン州といえば、コロニアル建築の壮麗な街並みを誇る州都モレリアなど、豊かで落ち着いたイメージだった。それが、じつは麻薬戦争の激戦地だったのだ。

私はこの映画のパンフレットに解説を書くよう依頼され、ミチョアカンの戦争に関するメキシコのジャーナリストが書いた本やネット新聞を読み漁り、わかる限りのことをまとめた。しかし、訪れたことのない地域のことでもあり、映画の公開終了後も落ち着かない気分が残った。ドキュメンタリーとはいえ、映画が切り取れるのは現実の一部に過ぎない。制作者に都合のよい解釈が入り込むこともありえる。実際のところはどうだったのか？　そしてその後は？　どうしても気になって、2016年、夏休みになるのを待って、初めてミチョアカン州を訪れた。

映画を観ていない人のために概要を書いておこう（ネタバレご容赦）。舞台は、ミチョアカン州南西部の農村地帯。悪名高い麻薬組織「テンプル騎士団」カルテルの横暴に耐えかね、軍も警察もあてにできないことに業を煮やした市民が、2013年2月、リーダーのミレレス医師のもと、自ら武器を手に自警団を立ち上げた。自警団は組織の支配下にあった町を次々に解放し、2014年には麻薬組織を追い出すことに成功する。自警団は政府から承認され、「地方防衛隊」という名で合法化される。しかし実際には、自警団には犯罪組織の人間が加わっており、敵と疑う人を拷問したり、侵入した敵の家で盗みを働いたりもしていた。地方防衛隊の制服を着ていながら覚せい剤を密造する場面もある。一方ミレレス医師は、自警団の合法化に反対したことから、武器の不法所持の罪で逮捕されてしまう。映画では、アメリカ人監督のマシュー・ハイネマンは、同様にアメリカで自警団を名乗る、アリゾナ州の米墨国境で不法移民を監視する、右翼の元軍人の活動も並行して追っている。

豊かな土地の貧しい人々

ここで、ミチョアカン州の概要を紹介しておこう。州都モレリアは標高2000m弱、穏やかで過ごしやすい気候。先スペイン期からの長い歴史を誇り、植民地時代の建造物が建ち並ぶ旧市街は世界遺産に登録されている。郊外には湖沼地帯が広がり、パックアロ湖など、有名な観光スポットもある。

緑と水に恵まれたモレリアやその周辺の高地と対照的に、州南西部の低地は「ティエラ・カリエンテ（熱い土地）」と呼ばれ、熱く乾いた大地が広がる。だが土壌は豊かで、かんきつ類やマンゴーなど、灌漑施設を備えた大農園が地平線まで広がる一大農業生産地でもある。そして、この熱い土地と高原地帯の中間の森林地帯が、メキシコが世界に誇るアボカドの産地で、今日もさらに拡大を続けている。

さらにミチョアカン州は太平洋に面しており、国内有数の商業港であるラサロ・カルデナス港を抱える。この港は、アジア、とくに中国との取引きに欠かせない存在である。太平洋側の山地には鉄鉱石の鉱山もある。天然資源もあり、農業も商業も盛んなこの州が、なぜ全国でも５本の指に入る貧しい州となっていたのか？[1]

「熱い土地」の豊かな大農園が象徴するのは、カシケと呼ばれる大地主らによる土地の一極支配である。昔からこの土地で暮らしてきた先住民系の人々や、仕事を求めて周辺の山地からやってきた貧しい農民らは、やせた土地を耕し、農園で日雇い仕事に就いて飢えをしのぐ。地

1　貧困率の全国ランキングでは、ミチョアカン州は２０１４年は全国で５番目に貧困率が高かったが、２０２０年には15番目と大幅に改善している。しかし、コロナ禍による全国的な貧困率の上昇と合わせてみると、大きく変化したとはいえない。Michoacán entre los 8 estados que más redujeron la pobreza en México: Coneval - Noticias x la tarde

元で就労の機会の少ない若者たちにとっては、レモンやオレンジの摘み取り作業で汗を流すか、北米に不法移民として旅立つか、あるいは、親せきや友人の誘いに乗って、犯罪組織の下働きをするか、それくらいしか選択肢がない。この極度の貧富の格差が、古くから麻薬マフィアがこの地に根付く背景にもなってきた。

ちなみに、メキシコ国内でもっとも麻薬栽培が盛んな地域といえば、メキシコの黄金の三角地帯と呼ばれる、北部のシナロア・チワワ・ドゥランゴ・ソノラ州の4つの州にまたがる地域。それに次ぐのが、この中西部のミチョアカン・ゲレロ・メヒコの3州にかけての西マドレ山脈周辺地域で、小黄金三角地帯とも呼ばれている。山地に近い町や村では、誰でも身近に麻薬栽培や密輸にかかわった人物がいる、という土地柄である。

ミチョアカンは、フェリペ・カルデロン元大統領の出身地でもあり、2006年末に麻薬組織撲滅戦争を宣戦布告するや、大統領は真っ先にこの地に軍隊を派遣した。メキシコ全土を泥沼と化す麻薬戦争がこの地で始まったのは、象徴的ともいえるだろう。

「熱い土地」の歴史

この小黄金三角地帯に麻薬栽培が入ってきたのは、19世紀にさかのぼる。この地で鉱山開発が始まり、重労働の鉱山労働者の苦痛を和らげるために麻薬が売られるようになったといわれる。その後20世紀半ば、第二次世界大戦中にアメリカ合衆国で麻薬需要が高まると、この地域の辺鄙な山間部でも、トウモロコシ栽培の合間にマリワナやアヘンゲシが栽培されるようになった。最初は家族単位で栽培から密輸までささやかに行っていたものが、徐々に栽培規模が拡大し、地域を仕切るマフィアも現れてきた。

ラサロ・カルデナス港には、南米からコカインを積載した船が寄港し、のちには中国などからの覚せい剤原料が荷揚げされるようになる。地元マフィアは、自分たちで覚せい剤を製造できるようになると、さらに多くの利益を上げるようになり、北部の様々なカルテルと組んで国境の北に麻薬を送った。最近では、フェンタニルという強力で非常に危険なオピオイド系合成麻薬が、アヘンゲシから作られるヘロインと置き換わって急拡大している。その原料も、おもに中国から運ばれてくる。麻薬で得られた資金の一部は、特産のアボカド栽培などにも投資され、地域の活性化につながった面もある。

だがそこは、カシケと呼ばれる地域ボスがすべてを牛耳る封建的な土地柄である。麻薬マフィアと地主や企業家、政治家は当然のように癒着し、一体化してくる。ミチョアカン州の歴代知事はそろって皆、地元マフィアとの関係が指摘されている。大物マフィアも、映画で出てきた自警団のリーダーらも、多くは地主階級の出身である。成り上がりもののマフィアも、土地や農園を買ったり無理やり奪い取ったりして、地主の仲間入りをする。麻薬密輸にかかわっていても、農園主で地元の名士という別の顔で、祭りや慈善事業に気前よく資金を出し、貧しい農民に金を貸し、地元民の信頼を得る。これが、この地で生まれたカルテルの特徴であり、強みでもあった。

自警団のリーダーだったミレレス医師も同じ階級である。そして、マリワナの違法栽培で有罪判決を受け、一時服役していたことがあった（本人はマリワナの医学的な利用の実験のためだったと釈明しているようだが）。どの階級の人々の間にも、この地では「ナルコ」は身近なものなのだ。

『カルテル・ランド』の街

２０１６年９月、「熱い土地」の中心都市、アパツィンガンでバスを降りた。その名のとおり、暑い！　年間の平均気温は27度、暑いときは40度、ときには50度になることもあるという。東京の夏と比べれば、湿気が少ない分まだましだが、昼間に日向を歩くのはかなり辛い。アパツィンガンは、人口約12万人の庶民的な商業の街。かつてはテンプル騎士団カルテルの根城とされ、犯罪都市と恐れられていたが、その後は警察と軍が重点的に警備にあたり、治安は保たれている…、と新聞は報じていた。中心街を歩くと、警察のピックアップトラックが頻繁に通りを巡回しているのを目にした。荷台に重装備の警察官が立ち乗りし、鋭い目つきで周囲を見回している。何もしていなくても、身を隠したくなるような物々しさだ。

だがあとで人に聞くと、この街ではいまも商店街の店はしょっちゅうといっていいほど強盗に遭っている、毎日２、３人は殺され、バラバラ死体が入れられた黒ビニール袋が見つかっている、とか…。それを聞いて以来、私は黒ビニール袋恐怖症になり、うっかり帰りが遅くなって、真っ暗な中をホテルに急いでいたとき、道端の黒いゴミ袋につまづいて、悲鳴を上げそうになってしまった。

ドキュメンタリーの舞台となったテパルカテペク行政区の元自警団メンバーとコンタクトが取れた。自警団が最初に結成された街のひとつだ。「熱い土地」の北西部でハリスコ州との境にあるテパルカテペクの街は、アパツィンガンからバスで約２時間。途中、２カ所で警察の検問があった。「熱い土地」はつねに緊張状態にあるのだ。

バス停に迎えに来てくれたのは、農業エンジニアのファニータ。姉御肌で世話好きな彼女は、自警団の立ち上げのときから参加しており、当時は銃を肩に見回りもしていたという。彼女のワゴン車で警察署に連れて行ってもらい、話を聞いた。警察というと、メキシコでは腐敗と怠慢というイメージで近寄りたくないところだが、この街の警察署は違っていた。信頼できる地元の人しか採用せず、署長も外からは入れず、地元出身の元自警団リーダーが就任しているので、皆の信頼が厚い。私が訪れたこのときには、犯罪組織とのたたかいは収まっていたが、いまも街の住民の多くがトランシーバーを持ち、何か異変があればすぐに知らせ合い、万一に備えている。周辺の街や村では依然として武装組織同士の抗争が続き、銃撃戦や殺人などがしばしばしば起きているのだ。

ちなみにこの地方では、開拓者精神がいまも息づき、狩猟が趣味という人が多い。猟銃を所持する人が多く、女性たちも銃が扱える人は珍しくない。ファニータも小さいとき親から習っていたという。市民による武装蜂起の背景には、そのような風土があったようだ。

「悪者か、英雄か?」

ファニータは自警団蜂起の前、タコスの屋台を出したばかりだった。店開きをして2週間後、テンプルの男が来て、タコスの売り上げ1つにつき1ペソを支払えといってきた。1つ5ペソだったタコスを6ペソに値上げしなければならなくなった。売り上げは落ち、結局店じまいせざるを得なかった。集金係は地元出身の若者だったが、組織犯罪というだけあってよく組織化され、決まった額の上納金を支払わされていたようだ。地元では進学率が低く、定職に就けない若者が多い。そこに組織から、いい金になるからと誘われるのだという。しかし実際は約束の給料は払われず、脅され、ドラッグ中毒にされ、家に戻りたくても戻れず、多くが殺されたり行方知れずになったりしているという。

警察も組織の支配下にあったが、自警団蜂起の際に組織メンバーは追放した。脅されて追随していただけの警察官に対しては、組織に残るか自警団に入るか、「悪者か、英雄か?」と詰問し、「英雄になる」と答えたものを味方に入れた。

　同じ家族のなかでも、兄弟のひとりは組織に入り、ほかのものは関係ないなどと分裂していたところもあった。じつは当時の行政区長はファニータのいとこだったが、テンプルの資金で選挙に当選し、犯罪組織に街を売り渡してしまっていた。自警団蜂起後、区長は逃亡し、彼女はいとこと決別し、付き合いも絶ってしまったという。

テパルカテペクの元自警団メンバーと警察官。

　高校教師のベアトリスも来て、話をしてくれた。彼女が自警団に加わったのは、教え子だった若者が給料日に金を取り立てに来るようになったからだった。学校教師など、何かしら定収入のあるものは、毎月一定額を組織に支払わされていたのだ。彼女は学校の仕事以外に家畜を飼い、農場に灌漑設備も持っていたので、ほかの教師より高い金を要求されていた。組織からの呼び出しに応じなかったら、かつての教え子が来てピストルを突き付けて脅した。「私はこんなことを教えたか？」と青年に問うたが、薄笑いをして何も答えなかったという。

　自警団に加わった医師は、ミレレス医師だけではなかった。もうひとり、「ドクター白十字」と呼ばれたのが、アルバレス医師だった。テンプル騎士団が赤い十字をシンボルにしていたので、その逆のあだ名がついたのだという。当時はいつも防弾チョッキを着て診察に当たっていた。いまも有事に備えて自分のピストルを持ち歩いている、と見せてくれた。

武器や装備の出所が気になるところだったが、アルバレス医師のように金銭的に余裕のある人が防弾チョッキなどをいくつも買い、ない人に貸していたのだという。噂されていたようなテンプルのライバル組織、ハリスコ新世代カルテルなどからの支援は一切なかった、と皆、断言した。

「軍曹」と呼ばれる退役軍人の男性の家も訪れた。実際に元軍曹だったので、皆からそう呼ばれている。妻の実家のあるこの街に6年前に来て、古鉄などの回収業を営んでいた。「そこにテンプルが来て、儲けの4割を出せといってきた。やむを得ないので払った。その後さらに6割に値上げしてきた。それでも、1年間はいわれるままに支払っていた」という。自警団の蜂起後、周囲から乞われ、市民のためにたたかおうと決意して参加したという。それからは、軍人だった経験を生かして、人々にバリケードの作り方を教え、軍事訓練

元自警団の「軍曹」。

を行い、実際に戦闘にも加わった。残念なことに３人の仲間が亡くなったという。

軍曹に、気になっていたことをたずねてみた。映画のパンフレットを書くために参考にしたメキシコ人ジャーナリスト、ホセ・ヒル・オルモスがその著書[2]で書いていた話である。ヒル・オルモスはミチョアカンの事情に通じ、抗争について詳しくルポしていた。その中で、当時、政権の軍事顧問であったコロンビア人のオスカル・ナランホ将軍が、自警団立ち上げの前に街に来て、地元の麻薬密輸マフィアでもある人物らと会合を持ち、軍との協力を話し合ったというのだ。本の中ではまた聞きとしてしか紹介されておらず、事実だったのかどうか心もとなかった。

軍曹の返事は、「そんな話は聞いたことがない」。事実であれば、そういう情報は元軍人の耳に入っていそうなものだが。ほかの人たちにもたずねてみたが、コロンビア人将軍が街に来たという情報を裏付けてくれる人はいなかった。

ヒル・オルモスによると、ナランホ将軍は、コロンビアでメデジン・カルテルの大ボス、パブロ・エスコバルを打倒した経験から、テンプル騎士団と敵対する犯罪組織と軍が手を組んで立ち向かうことを提案した、という。実際、政府も手を出しかねる強大な組織に立ち向かうに

2　Gil Olmos, José, *Batallas de Michoacán: Autodefensas, el proyecto colombiano de Peña Nieto*, Proceso, 2015

は、同じように裏の資金と武力、そして情報を持っている陰の勢力を利用するのは、政府にとって都合がいいのは確かだった。コロンビア人の将軍が来たかどうかは不明だったが、結果から見ると、まさにそのとおりに事態は展開していた。

自警団の誇り

ファニータが呼び集めてくれた元自警団のメンバーらは、自分たちの手で街を守ったのだ、という誇りに満ちていた。しかし、ドキュメンタリー映画の話になると、みな一様に顔をしかめた。口々に「あれは嘘ばかり。ひどい」といい、「8割ウソ」とまでいう人もいた。自警団がみな、盗みを働いたり、覚せい剤を密造したりしているような印象を与えている、というのだ。自分たちは実直な一般市民で、そのようなことは一切なかったし、互いに助け合い、必死に活動した。夜中も交代で見張りに立ち、老人やときにも子どもも協力して炊き出しなどを行った。にもかかわらず、ナルコと一緒にされて、貶められたような気持ちになったという。

ミレレス医師に関する評価も微妙だった。自警団創設者のように描いているが、実際に創設委員会に入ったのは、立ち上げから3か月後だったという。「エル・アブエロ」(おじいさん)と呼ばれる街の有力者らが中心となって話し合いを進めていたところに、様子を見ていたミレレスが加わったのだ。弁舌が巧みで、ほかにあのように演説ができる人がいなかったことから、スポークスマンの役目を担い、ルックスのよさもあって人気が出た。

「刑務所に入れられているのは不当だ。早く釈放されてほしい」という人がいる一方で、「ミレレスは口先でたたかっただけだ、武器を取ってたたかったのは自分たちだった」という人もいた。ファニータも眉根を寄せて、あまり好きではない、といった。女性と家族を守るため、といっていたのに、女癖が悪く、緊急事態のさなかにもかかわらず当時17歳の、孫といってもおかしくない若い女に夢中になって、家族を捨てたのだ。

もうひとりの立役者

自警団蜂起のもうひとりの重要な立役者だったのが、レモン農園主のイポリト・モラである。アパツィンガンとテパルカテペクの中間にあるブエナビスタ行政区ラ・ルアナ村に、ドン・イポリトを訪ねた。犯罪組織に理不尽な金を請求されることに業を煮やし、テパルカテペクの友人たちと話し合い、2013年2月の同じ日に、自ら自警団を率いてこの村で決起した。『カルテル・ランド』の監督から取材の申し入れがあったが、出演は断ったという。映画のなかでは一瞬だけ映っている。自警団運動が終息してのちは政治家を目指し、下院議員選挙や州知事選挙に出馬したが、当選には至らなかった。だがその後も、地域のオピニオンリーダーとして、テレビや新聞の取材を積極的に受けていた。

自警団結成のもうひとりの立役者、イポリト・モラ。

ブエナビスタには、もうひとり、別の自警団を率いる「エル・アメリカーノ」ことルイス・アントニオ・トレスという男がいた。ハリスコ新世代カルテルとつながるマフィアでもある。ドン・イポリトとは方針の違いだけでなく個人的な理由からも対立し、２０１４年12月には自警団同士の銃撃戦となり、双方から11人の死者が出、ドン・イポリトの長男もこのとき命を落としている。

ラ・ルアナ周辺は依然として暴力がやまず、月に2回くらいのペースで殺人や行方不明事件が起きているという。取材の前日にも、近所の若者が自宅から無理やり連れ出され、車に押し込められて拉致されて行った。理由はわかっていない。ドン・イポリトも常に命を狙われている身なので、政府が派遣した4人のボディーガードが24時間警護にあたっている。

「この国では、人殺しをしても2万ペソ（当時約12万円）も賄賂を払えば外に出られてしまう。汚職がなくなるよう、法律を変えて刑罰を厳しくしなくてはいけない。訴えを聞き入れられるまで、市民は訴え続けなければ」と、ドン・イポリトはいう。確かにそれが正論だが。そうそう容易に、現状が変えられるのかどうか。ドン・イポリトもその困難さを一番よく知っている。

その日、ラ・ルアナ村からの帰り道、警察や軍の車両がやたらと何台も忙しく走り回り、上空をヘリが旋回しているのが見えた。何事が起きたのかと思っていたら、アパツィンガン近郊で犯罪組織を追跡していた警察のヘリコプターが地上から狙撃され、墜落したというニュースが流れた。搭乗していたパイロットと警察官ら４人が亡くなった（唯一生き残った警察官１人も重傷で、数日後に死亡）。使用されたのは、ロケットランチャーだろうか？　当局をも圧倒する、恐るべき麻薬組織の軍事力。そんな武器を民間人が所持していること自体、異常だ。

翌日の新聞に詳しい報道があるだろう、と新聞を買ってみたが…。一面はその1週間以上前に亡くなったメキシコの人気歌手フアン・ガブリエルの遺灰がどうのこうのというニュース。ヘリ撃墜という、国の威信にも関わりそうな事件にもかかわらず、記事は3面に控えめに入っているだけ。それほどニュースバリューがないということか？　それとも、どこかに忖度をしていたのだろうか？

熱い土地を牛耳る組織

自警団がたたかった相手の犯罪組織について、もう少し詳しく紹介しておこう。ミチョアカンの麻薬戦争の主役たちは、いかにも異様な様相を呈しているのだ。その代表が、ファミリア・ミチョアカナとその後身のテンプル騎士団である。ファミリア・ミチョアカナ・カルテルは2006年に結成された。もとは、北部から勢力を伸ばしてきたロス・セタスと協力関係にあったが、これを裏切り、セタスを追い出すために激しい抗争を展開した。見せしめのために、セタスメンバーの男性5人の切断した頭部を、ナイトクラブの床に転がすといった残虐行為もあった。

その一方で、自分たちはよそ者の犯罪者から市民を守る自警団であると称し、地元新聞の1ページを買って公告を出し、また実際に無職の若者たちに仕事を与えたり、麻薬中毒患者のためのリハビリ施設を設立したりもした。しかしその後、ロス・セタスを州内から追放し、ミチョアカン全土をほぼ支配下に置くと、ガラリと態度を変え、あるとあらゆる商売や取引きに「税金」をかけ、みかじめ料を取り立てるようになった。抵抗するものは殺害されたり、行方不明になったりした。

中心メンバーは、「エル・マス・ロコ（大狂人）」や「エル・チャヨ」などの呼び名をもつナサリオ・モレノ・ゴンサレス、かつて教師（tutor）だったことから「ラ・トゥタ」と呼ばれるセルバンド・ゴメス・マルティネスなどである。

ファミリア・ミチョアカナは、麻薬密輸組織であると同時にキリスト教系新興宗教の教団でもあるという特異な組織だった。ボスのひとり「大狂人」ことナサリオ・モレノは自ら「聖書」を著し、冊子を大量に印刷して組織の関係者に配って読ませ、自分たちのたたかいは郷土を外敵から守る「聖戦」であるとして残虐行為を正当化した。

２０１０年12月、当時のカルデロン政権は、ナサリオ・モレノは当局との銃撃戦により死亡した、と発表した。だがモレノの遺体は見つからず、本当に死亡したのかどうか疑われていた。その後、組織はモレノを聖人にまつり上げ、支配する村や町に「聖ナサリオ」の礼拝堂を建てさせ、胸像や立像をまつらせた。なかには金箔を施し、宝石で飾り立てた立像もあった。礼拝堂はミチョアカン州だけで１１３の村や町にあり、ゲレロ州やメヒコ州などにも存在したという。しかし聖人になったモレノは、実際にはまだ生きていたのだ。２０１４年3月、ミチョアカン州中部のアパツィンガンの山中に隠れているところが発見され、軍によって殺害された。礼拝堂や像は、当局の手によってすべて破壊された。

２０１１年、ファミリア・ミチョアカナは内部分裂し、セルバンド・ゴメスをはじめ主要なボスらは「テンプル騎士団」を名乗った。神秘的なイメージの中世の騎士修道会の名前を借りているが、実態はファミリアと変わらない、残虐な犯罪組織である。ファミリアの残党を州内からほぼ駆逐すると、さらに組織を強固なものにした。当時、テンプル騎士団カルテルは、民間企業に似たピラミッド型の組織を構築し、メキシコ国内でも有数の洗練された形態の犯罪組織であったとされる。複数のトップらによる役員会が全体の指揮にあたり、政治家や他の組織とじかに交渉を行う。その下に国内外の企業と交渉する部門、各業種の組合や農民団体などと交渉する部門。さらに実動部門が、殺し屋や見張りなどを統括する。地元の警察官から無職の若者、靴磨き、タクシー運転手などあらゆる人々が組織の下働きや見張り役として組み込まれた。

州や街の行政や警察組織においても、テンプルの息のかかった人間をポストに就けさせ、内側から組織をコントロールした。こうして犯罪組織が、「治安維持」から「税金」の取り立てまで行う、「パラレル国家」の様態を見せるまでになっていた。当時、この組織はすでに、麻薬の生産や密輸よりも、それ以外のさまざまな違法行為から得る資金の方が多くなっていたという。テンプル騎士団カルテルの暴力的な「課税」はあらゆる生産活動に及び、所有する不動産や車・トラックなどにも「税金」が課せられた。

ミチョアカンのナルコは、テレビの取材を受けたり、YouTubeに動画を投稿したりと、メディアに顔を出すのを好むというのも特異な性格だった。セルバンド・ゴメスは、メキシコ国旗や農民運動の象徴であるエミリアーノ・サパタの肖像を背景に、「自分たちは必要悪なのだ」と持論を熱弁するビデオをネットに上げ、国内外のメディアの取材にもたびたび応じていた。ほかに地元の犯罪グループで、当初自警団にも加わっていた、「ビアグラス」（スペイン語で「バイアグラ」の複数形）のボス、「エル・ゴルド」ことニコラス・シエラも、マスコミ好きだった。自警団が合法化されたのち、アメリカのテレビ局の取材に応じて、「テンプルが弱体化したあとは、敵は政府だ」などとうそぶいていた。メディア露出は、顔をマスコミにさらしても捕まることはない、という確信があってのこと。その確信の背景には、各方面にばらまいている膨大な額の賄賂があるのは間違いない。

あらゆる経済活動を支配下に

２０１３年11月、海軍がラサロ・カルデナス港を封鎖した事件は、当時のテンプル騎士団の威力のほどをうかがわせるものだった。ミチョアカンは国内でもっとも多くの鉄鉱石を産出しており、そのほとんどは世界第２の経済大国、中国に輸出されている。

金になるものなら何にでも目をつけるカルテルにとって、鉱山は格好の獲物だった。もともと鉱山会社というものは、採掘権の煩雑な手続きをごまかしたり、違法操業を隠したり、あるいは労働者組合対策などのために、当局には賄賂を贈り、犯罪組織とも縁があるという存在である。鉱山があるところ、犯罪組織あり、といってもおかしくない。テンプルはそこをさらに踏み込み、鉱山企業からみかじめ料を取り立てるだけでなく、輸送トラック組合を支配下に置き、違法採掘した鉄鉱石を格安でカルデナス港から中国に輸出し、膨大な利益を上げていた。

海軍がラサロ・カルデナス港を包囲すると、税関職員も地元警察官も全員、犯罪組織に協力しているとして一時的に職務を停止された。当時のバジェホ州知事によると、カルテルはこれらの違法な活動によって年間20億ドルの資金を得ており、それはミチョアカン州の年間予算の半分近い額にあたるという。輸出された鉄鉱石とバーター取引で、中国から大量の覚せい剤原料が運び込まれていたともいわれる。

犯罪組織が鉄鉱石や農産物に目を付けたのには理由がある。麻薬密輸と違って、合法的な産業活動で得た資金であれば、資金洗浄をする必要がないのである。マネーロンダリングにかかる手間と費用が省ける点が、組織にとって大きなうま味だった。

苦いアボカド

ミチョアカンの州都モレリアから、アパツィンガンに向かう途中、標高がやや下がってくると、バスの窓から見える丘陵地は、一面のアボカド畑になってくる。アボカド栽培で名高いウルアパン行政区である。街中にもアボカドの選別機を売る店などが見え、まさにアボカド一色の地域である。

ミチョアカン州は、世界的なアボカド生産地である。メキシコはアボカドの世界生産量の約30%を占め、国の重要な輸出農産物となっている。そしてその8割以上がミチョアカン産なのだ。日本には、最近ペルー産なども輸入されるようになったが、2022年の統計ではメキシコ産が75%だった。スーパーで見かけるアボカドは、たいていミチョアカンから来ていると思って間違いない[3]。私はスーパーで安売りのアボカドを手に取り、深緑の皮に張られたシール

アボカド農園。収穫しやすいよう、低く剪定されている。

の「From Mexico」の文字を確認するたび、買い物かごに入れるのにためらいを感じる。私が払うこの値段の何パーセントが、犯罪組織に流れるのか？

「緑の黄金」と呼ばれるメキシコの貴重な外貨の稼ぎ手は、地元に富だけをもたらしてはいない。ブームに乗って栽培地を拡大するために、森林が次々に伐採されてきた。人為的に火を放って山火事を起こし、森林を破壊するケースもある。そこに犯罪組織がかかわることも珍しくないのだ。アボカドの栽培は水を大量に消費する。新しいプランテーションでは、灌漑のために周辺の小川の水を集める貯水槽が作られ、さらに井戸を掘ることもある。このため周辺地域では水不足に陥り、ほ

3　アボカドの産地　栽培面積　収穫量　出荷量　輸入量　輸出量―果物統計　グラフ (kudamononavi.com)
Aumenta exportación de aguacate mexicano: rompió récord de envíos a EEUU - Infobae

かの作物が作れなくなり、家畜のための水やときには住民の飲み水にさえ困ることもある。[4] また輸出のためには害虫駆除のために必要な農薬の使用が定められており、農薬の大量使用で河川の汚染や健康被害も起きている。アボカドブームは、取り返すことの難しい環境破壊を招いているのだ。

かつて「テンプル騎士団」カルテルが猛威をふるっていた頃には、アボカドの樹1本ごとに「税金」がかけられていた。採算ぎりぎりの中小の栽培農家の多くは苦境に陥った。組織は、農畜水産省の管轄下の植物検疫委員会と結託し、どの農家が何本のアボカドの樹を持っているか、すべて把握していたのだ。組織は買取りから輸出まで、アボカドの流通をすべてコントロールし、安く買い取った生産物を高値で輸出して、大きな利益を上げていた。

テンプルが去った後、アボカド農園は平穏に生産に励めるようになったのかというと、けっしてそんなことはない。なにしろ、恐喝のやり口を熟知している、いくつもの犯罪集団が群雄割拠する土地である。現在も被害は続いており、せっかく収穫したアボカドを選別場に運ぶ間に強奪されてしまったり、奪われたくなければ払えとみかじめ料を請求されたりする。

ミチョアカンからのアボカドの一番の出荷シーズンといえば、2月である。アメリカン・フットボールの熱狂的な祭典、スーパーボウルで、アメリカ人がこぞってワカモレを食べるという習慣があるのだ。その需要にこたえるべく、ミチョアカンからはこの時期、大量のアボカドが搬出される。生産農家にとっては、期待とともに不安の募る時期である。2023年には、そのアボカドが犯罪組織に強奪されないよう、州警察が動員され、収穫物を積載したトラックが護衛された、というニュースが流れた。[5]

根深い犯罪組織の影

だが実際には、警察による護衛は、このような目立つイベントの際だけである。普段は身の安全のため、農家はいわれるままにみかじめ料を払うしかないのが実情だった。そんななか、２０２１年６月、犯罪組織からの脅しに常にさらされている生産農家らが連携し、数百人からなる武装自衛団「プエブロス・ウニードス（人民連合）」を結成した。３０００軒ものアボカド生産農家が、ハリスコ新世代カルテルやビアグラスなどの犯罪組織から自衛するため、自ら武器を取って立ち上がったのだ。アボカド農家のみかじめ料は高額で、「１ヘクタール当たり２５００ドル」とも語られている。[6] それだけ払うくらいなら、自分たちで金を出し合って自衛したほうがいい、というのだ。

4　Aguacates, deforestación y cárteles van de la mano en México | AP News
5　https://latinus.us/2023/02/05/policia-michoacan-custodia-cargamentos-aquacates-exportan-eu-super-bowl/
6　Aguacateros arman a cientos de hombres: nace “Pueblos Unidos”（sinembargo.mx）

だがこの自衛団、実際には初めて武器を手にした純朴な農家の若者ばかり、というわけではなかったようだ。先の組織に敵対する別の犯罪組織が入り込んでいる、という指摘は設立当初からあった。案の定、2022年時点では、この自衛団は「人民連合カルテル」と呼ばれ、ミチョアカンで勢力争いを繰り返す10余りの犯罪グループのひとつに数えられるに至り、同年8月にはメンバー167人が武器の違法所持などで逮捕されている。[7]『カルテル・ランド』と同じような展開である。

ミチョアカンの犯罪組織は、政府当局のあらゆる部門を脅しと金でコントロールできてしまう。少なくとも、組織のボスらはそう信じていたようだ。2022年2月、輸出アボカドに付着する害虫などを検査する、アメリカの動植物検疫局の職員が、犯罪組織から脅迫電話を受け、アメリカ政府が職員の安全が保障できないとしてアボカドの米国への輸出を一時停止してしまうという事件が起きた。脅迫電話の内容は明らかにされていないが、多少の手続きの不備などがあっても、メキシコ人相手なら脅しか賄賂で通ってしまうのだ。それがアメリカ人には通じず、大騒ぎになってしまった。脅した組織のボスも焦ったに違いない。図らずもこの事件は、ヘルシーで美味しいメキシコ産アボカドが抱える深刻なジレンマが、世界的に注目されるきっかけにもなった。

レモンすらも

さて、州都から「熱い土地」に向かう幹線道路が、アボカド農園に覆われた渓谷地帯を過ぎると、標高が下がり、亜熱帯気候になる。バスの窓の外に広がるのは、見渡す限りのレモン畑である。レモン（日本でいうライム）は、メキシコ人にとっては毎日の食卓に欠かせない食材で、タコスにも焼肉にも、香り高い小ぶりなレモンの半月切りが必ず添えられる。そのレモンが、ミチョアカンのもうひとつの主要農産物で、国内生産の３割近くを占めている。

輸出が大部分を占めるアボカドと異なり、レモンは約８割が国内市場向け。そのためか、アボカド農園で見かけた収穫労働者はみな成人だったが、「熱い土地」のレモンの収穫労働者のなかには、子どもも交じっているようだった。レモンの収穫の多くは手作業で、小学生くらいの子どもたちも親と一緒に働くことがある。輸出向けの農産物では児童労働は禁物だが、国内向けならおとがめなしというわけか。レモンの集荷場の門前を通りかかったとき、他の州から来たとおぼしい先住民系の一家が、日陰で座り込んで休んでいるのを見かけた。「子どもの学校は？」とたずねたが、返事はあいまいだった。スペイン語を話さない人たちだった可能性もあるが…。

7　Michoacán: Detienen a167 integrantes de Pueblos Unidos（animalpolitico.com）

「テンプル騎士団」の時代には、レモン農家にも、栽培面積や持っているトラックやスプリンクラーなどの数に応じて「税金」がかけられていた。さらには収穫労働者のささやかな賃金から4分の1もピンはねし、価格操作のために働ける日を限定するなど、あくどい仕打ちがされていた。ミチョアカンからのレモンの入荷が滞り、メキシコシティで値上がりして騒ぎになったこともあった。労働者らが組織に抗議してデモをすると、逆に逮捕され、殺害されたり行方不明になったりした。何の罪もない貧しい日雇い労働者であるにもかかわらず、見せしめとして惨殺され、家族はどれほど辛い思いをしたことか。当時は役所も警察もすべてカルテルの支配下にあり、暴力組織のやりたい放題だった。

『カルテル・ランド』のその後

ドキュメンタリー映画は2014年、ミチョアカンの「戦争」がいったん終息した時点で終わっている。この地域紛争はどの程度の規模のものだったのか？　メキシコの国家人権委員会（CNDH）が2016年、「ミチョアカン州における自警団グループとその紛争に関連した人権侵害に関する特別報告」[8]と題する現地調査の結果を発表した。それによれば、ミチョアカン州での紛争で何らかの被害をこうむった人は、2010年から2014年の調査時点で3000人あまり。そのうち、殺害されたのが472人、誘拐の被害者が524人。被害が集中しているのは、人口約50万人の「熱い土地」地域の、とくに中部から西部にかけての地域である。５００人もの死者が出ているのは、地域紛争と呼んでおかしくない規模だ。抗争に絡んだ死者と行方不明者の数は正確なものではない。犯罪組織の側に死者が出た場合、組織メンバーが仲間の遺体を持ち去ることが多い。また市民のほうも当局への不信から、殺害された家族の死亡届を出さないこともあったという。

しかしこの２０１４年時点で、ミチョアカンに平和が訪れたように見えたのは、ほんのまぼろしに過ぎなかった。テンプル騎士団という大規模な犯罪組織が打倒され、主要なリーダーらが殺害や逮捕されたが、結局この地の暴力の根を断つことはできていない。テンプル派の生き残った地域ボスが、各地で自分のグループを率いるようになり、自警団に加わっていた犯罪グループはさらに暴虐さを発揮するようになった。一方で、隣接するハリスコ州からハリスコ新世代カルテルが触手を伸ばしてきた。ミチョアカンは、大小の武装組織が群雄割拠し、いつどこで火の手が上がってもおかしくない地雷原と化してしまっていたのだ。各地で武装組織同士の銃撃戦が頻発し、州警察の車列が待ち伏せに遭い、13人が殺害されるなど、治安当局の側にも多くの犠牲者が出た。若者が行方不明になる事件も続いている。

２０１９年以降、この地域での抗争はまた別の局面を迎えている。テパルカテペクに隣接す

8　2016_IE_gruposautodefensa.pdf (cndh.org.mx)

るアギリージャ行政区は、ハリスコ新世代カルテルのリーダーで、メキシコ政府と米政府から懸賞金付きで指名手配されているメキシコ最大の麻薬王のひとり、「エル・メンチョ」ことネメシオ・オセゲラ・セルバンテスの生まれた土地だった。戦略上も重要な位置にあるため、ハリスコ・カルテルはこの行政区を支配下に置くべく猛進撃し、町は文字通りの戦場と化した。アギリージャに通じる街道は封鎖され、犯罪組織が私設の検問所を設けた。[9]

メンチョの軍隊に対抗している勢力は、報道によれば、「カルテレス・ウニードス（カルテル連合）」と呼ばれる。映画『カルテル・ランド』で自警団に入り込んでいた地元の犯罪グループ「ビアグラス」と、テパルカテペクの「エル・アブエロ」が率いるグループが中心となっているという。エル・アブエロは、2013年当時、実際は地元の麻薬密輸組織の幹部でありながら自警団創設の陰の立役者となり、のちにハリスコ・カルテルの軍勢に加わった。だがその後、袂を分かってメンチョの部隊と攻防戦を繰り広げているのである。[10]

エル・アブエロことフアン・ホセ・ファリアス・アルバレスという人物は、どうも2つの顔を持つようだ。テパルカテペクを訪問したとき、街の人たちに評判を聞いてみたが、「あの人はいい人だ、麻薬マフィアなんかじゃない」といっていた。それが、ニュースで「テパルカテペク・カルテル」のボスと呼ばれている。地元の名士にして裏の稼業は犯罪組織の幹部？　それも、情勢次第であっちにもこっちにも寝返る変節漢だというのだ。

組織同士の死闘の舞台となったアギリージャの町では、住民は十字砲火のなかで生活物資の供給を絶たれ、病人が出ても搬送すらできない状態に陥った。ハリスコ・カルテルのシカリオたちは、「カルテル連合」と何らかの関係があった家に押し入り、家族を殺害したり、拉致し、行方不明にしたりした。

２０２１年、コロナ禍でメキシコ中の人々が行動制限を受けるなか、ミチョアカンの熱い土地では激しい戦闘が拡大していた。火の手は隣接するテパルカテペク行政区にも及び、ハリスコ・カルテルの軍勢がたびたび侵入を試み、これに自警団が応戦し、何人もの犠牲者が出た。ハリスコとエル・アブエロのグループの双方で、捕虜にした互いの成員を斬首したり、遺体をバラバラに損傷したりと、残忍な報復合戦が続いた。[11] まさに悪夢の再来である。

住民は、政府に軍の積極的な介入を何度も依頼したが、軍も警察も近くに駐屯していながらなかなか動こうとしなかった。組織同士の抗争がおのずと決着するのを待っているかのような態度である。抗争は文字通り戦争の様相を帯びるようになり、爆発物を搭載したドローンが飛ばされ、「モンスター」と呼ばれる戦車風に改造した装甲車や、さらには対人地雷まで使用さ

9　La ruta de la guerra - Los 84 kilómetros de Michoacán que Silvano no recorre: la vía Apatzingán-Aguililla - SinEmbargo MX

10　¿Quién es “El Abuelo”, el turbio personaje que disputa Tepalcatepec?（eluniversal.com.mx）
Tepalcatepec bajo fuego: el día que el CJNG y "El Mencho" juraron venganza contra "El Abuelo" - Infobae

11　“Tepalcatepec, una carnicería”（ejecentral.com.mx）

れるようになった。
２０２２年2月には、陸軍の防弾仕様の軍用車が地雷によって大破し、乗車していた兵士ら数人が負傷した。さらにその数日後、地元の農民親子が地雷を踏んでしまい、父親は絶命し、息子は重傷を負った。[12] 抗争とは無関係な市民が無差別に被害を受けてしまう、この非人道的な武器が実戦で使用され、被害が出たのはメキシコ史上初めてのことだという。軍はその後1か月の間に、周辺に埋められていた地雷を２５０以上撤去したと発表したが、まだ多くの地雷が埋まっている可能性がある。
犯罪組織間の抗争は収まることなく、それぞれの犯罪組織と政府当局の間の戦闘もある。錯綜した戦乱のなか、家族を殺されたり行方不明にされたり、脅迫を受けるなどした人々が何万人も、命からがら町を出て行かざるを得なくなった。事実上の戦争難民であるが、国からの支援はまったくない。代わりに住民救出に奔走したのは、地元のカトリック教会だった。２０２1年にはアパツィンガンの教会の支援で、激戦地のアギリージャ周辺から３０００家族近くが国境の街ティフアナに逃れ、アメリカ合衆国に難民申請を行った。[13]
『カルテル・ランド』の主人公だったホセ・ミレレス医師のその後の話も書いておこう。ミレレス医師は２０１４年7月、武器と麻薬の不法所持で逮捕され、裁判も行われないまま重犯罪者向けの刑務所に3年間も収監された。釈放されたのは、２０１７年のことだった。ミチョアカン州社会保険病院の副院長に任命されたが、これは当時大統領候補だったロペス・オブラドールを応援し、政府の不当逮捕に抗議しないことと引き換えだったともいわれる。２０１９年には、ドキュメンタリー映画の収録当時に付き合っていた39歳年下の女性と結婚。元自警団リーダーとして英雄視する人々もいたが、その後は政治的な活動より、女性蔑視的な発言などで報道されることが目立った。

２０２０年11月、新型コロナウイルス感染症のため死去。62歳だった。残された妻のエステファニア・バルデスは、２０２１年の中間選挙で、与党の国家再生運動（Morena）から下院議員に立候補。亡き夫がトレードマークにしていた黒い帽子をかぶり、「ミレレス未亡人」として選挙キャンペーンを行ったが当選には至らなかった。

12　Explosivos en Michoacán - Campesino pisa mina artesanal por accidente, estalla y lo mata; su hijo sale herido - SinEmbargo MX

13　OPINIÓN: Los michoacanos que huyen de la violencia en Tierra Caliente, la otra migración de la que no se habla en México - Los Angeles Times（latimes.com）

第5章　先住民村の勇気ある挑戦――ミチョアカン州チェラン

ミチョアカン州に関していろいろな報道を読んでいて、ずっと気になっていたのが、州中部プレペチャ高原にあるチェランという先住民の村。ミチョアカンのほかの地域と同様、この村にも周辺の犯罪グループが侵入し、深刻な被害をこうむっていた。そこで住民たちが自ら立ち上がり、共同体警察を設立して犯罪者らを撃退し、昔ながらの「習わしと慣習」による先住民自治に回帰して、そうして平和を取り戻した、という話なのだ。住民が自ら武装して犯罪組織を追い出す、というのは、『カルテル・ランド』で描かれた「熱い土地」の自警団蜂起の話と似ている。しかし、ほとんど丸腰の村の人々が、武装した犯罪組織に対抗するなど、可能なのだろうか？　『カルテル・ランド』の話と同様に、その共同体警察というものも、なにか胡散臭いものがあるのではないか？

警察官と政党を追い出す?

このプレペチャ先住民の村についての記事をさらにいくつか探して読んでみると、ますます興味をひかれた。この村では、犯罪者を追い出すついでに、警察官を追い出し、さらに政党まで追い出したという。犯罪者とつるんだ警察を追放するのはわかるが、政党まで？　思わず笑ってしまうが、確かに政党間の勢力争いは、犯罪組織の資金援助と結びつき、また住民の間に不和をもたらすものでしかない。

かつて私が人類学の調査のために住み込んだ、メキシコ北東部ワステカ地方の先住民の村でも、政党は住民たちを分断する元凶だった。その村では、住民同士の個人的な対立が政党間の抗争と結びつき、エスカレートして暴力事件にまで発展し、野党支持派の家族らが一斉に村から追放されてしまった。別の村では、政党の対立に宗教の対立まで絡んで、村人たちが複雑に分断されていた。たまたま泊めてもらったその村の家で、「あんたはどこの政党？　宗教は？」とたずねられて面食らったことがある。私は外国人だから選挙権はない、私の国には108も神様がいるので、どの神様も尊重している、などと答えたものだったが。

いずれにしても、中央の権力と結びついた政党なるものは、地方の先住民の村では、一部の人々の利権のためのものでしかない。政党がなければ、確かに平和になるかもしれない。なんだか、断固とした心意気を感じさせる村である気がしていた。

2016年9月、ミチョアカンを訪れた際、知人にモレリアの地元記者、アレハンドロを紹介してもらった。アレハンドロは、チェランには何度か行ったことがあるといい、なんと町長に面会のアポまで取ってくれた。しかしこの地域は、街道上で強盗や誘拐が頻発しているだけでなく、チェランの近くにある教員養成大学の左翼学生たちが道路封鎖をしていたりと、何かとトラブルが多い。用心は必要だった。

州都モレリアからバスで、湖で有名な観光地パックアロまで約1時間。そこから乗り換えてさらに1時間余り。パックアロでアレハンドロとチェラン行きのバスを待っていると、自家用車の男が声をかけてきた。白タクだ。バスで行くのと変わらない運賃で運んでくれるという。5人乗りの乗用車に7人も、コロナの時代だったら想像もできない、密な状態で座らされた。「チェランは共同体警察だけど、白タクはいいの?」と運転手にたずねると、「ちょいと払えば平気さ」という返事。共同体警察もやっぱりメキシコの警察、ということか? その「柔軟さ」が気になるところでもあるが。

「習わしと慣習」への回帰

村に近づいたところに、遮断機の付いた検問所があり、ライフル銃を持った迷彩服の男女が車両のチェックをしていた。州警察や陸軍ではない。チェランの共同体警察の検問なのだ。少しばかり緊張したが、白タクは一時停止しただけですぐに通過した。

チェラン行政区は、人口約２万人、面積約２２０平方キロ。標高約２２００～３２００ｍの高地にある。村の中央広場で降りると、ちょうど市が立っていた。色とりどりの野菜や果物、薬草、都市では見かけない伝統的な飲み物なども。しかし人々の服装は、ごく普通の田舎風といったところで、民族衣装を身に着けている人はいない。聞こえてくる言葉はスペイン語ばかり。新聞報道では「プレペチャ先住民の村」と書かれていたが、プレペチャ語を話せるのは高齢者だけで、若い世代では、聞けばわかる、というレベルだそうだ。一般的なメキシコの村として、国家の制度を受け入れてきた人々がなぜ、先住民族の「習わしと慣習」による自治への回帰を目指したのか？

ちなみに「習わしと慣習 usos y costumbres」というのは、先住民族の村で慣習的に行われている独自の規範体系を表す言葉。メキシコの憲法では、先住民族共同体は文化的アイデンティティを維持し、自治と自決の権利を有することが保障されている。チェランの人々は、村が平和を取り戻すには、国の政治と切り離して自治を行う必要があると判断したのだ。

同行してくれたアレハンドロと村役場に行くと、すでに会議室で12人の理事が一堂に会しているところだった。われわれ訪問者のために、定例会議の前にわざわざ時間をとってくれたのだ。女性は３人。男性たちはカジュアルなシャツやジャケット、女性たちも普通のブラウスにスカート姿だが、肩にレボッソという伝統的なショールを巻いている。レボッソは、先住民女性としてのアイデンティティを体現するものでもある。

中央に座っているのが、まだ30代に見える若いペドロ・チャベス・サンチェス代表理事。開口一番、「村には世界中から記者が来て、もうたくさん報道されている。この間も仲間がオランダまで行って話をしてきたところだ。これまでの経緯などは、新聞記事など読んでもらえばいい」という。なので、これまでの経緯は、新聞や本の記述を参考に、以下に再構成させてもらう。

森林を守るために蜂起

チェランの主要産業は林業である。山地には商業価値の高い巨木が豊富にあった。それが、2006年ごろから犯罪グループが来て、無秩序に伐採して運び出すようになった。ファミリア・ミチョアカナにつながる犯罪組織で、それぞれの地域で金になるとみればなんにでも手を出していたのだ。当時の村長は、組織から資金を得て当選していたので、伐採許可を乱発していた。さらにチェランは、地理的に沿岸部と州都を結ぶ要衝にあたることから、覚せい剤などを運ぶ中継地としても利用された。

組織と結託した村長は、住民が問題を訴えても取り合おうとしなかった。豊かな森林が次々に丸裸にされ、何十台ものトラックが丸太を積んで運び出すのを目にした住民たちは、実力で

定例会議に集まった理事たち。

阻止しようとしたが、リーダーらは次々に殺害されたり行方不明にされたりした。さらに犯罪者らは、村の女性たちに性的暴力をふるうようにもなった。

業を煮やした住民の女性グループが、２０１１年4月15日早朝、道路にバリケードを築いた。木材を積んで運び出そうとした伐採業者のトラックを捕まえ、運転手らを拘束した。すぐに武装した組織の男らがやって来た。急を知らせるために教会の鐘が打ち鳴らされ、住民たちは手に手にマチェーテ（山刀）をつかんで駆け付けた。警察官らもやって来たが、彼らは犯罪者の味方をして、拘束された男らを解放しようとしたので、住民と警察官との間でも争いとなった。住民のひとりが祭りに使うロケット花火に火をつけ、犯罪者らに向けて発射したところ、これが命中した。慌てた男らはトラックを捨て、走って逃げて行った。

その夜以来、住民らは地区ごとに委員会を作り、村の入り口すべてにバリケードを築き、焚火を焚いて犯罪者が戻って来ないか、交代で一晩中見張るようになった。村の老人たちも、積極的に見張り役を引き受けた。このときの「焚き火」は、住民自治のシンボルともなった。

村に入る3つの街道の入り口には検問所が設けられた。入って来るすべての車両に、何の用事でどこへ行くのかたずね、不審車両をチェックした。警察官や村長らは、組織犯罪とグルだとして村から追い出された。村人自身による共同体警察が組織され、さらに違法伐採や山火事などを防ぐために森林パトロール隊も創設された。政党は住民を分断するだけだと、各政党を代表する政治家は追い出され、行政区内での政党活動は禁止された。[1]

独自の選挙

チェラン行政区では2011年以前は、ごく普通に政党選挙が行われていた。しかしこの年、連邦最高裁判所に上告し、先住民村としての「習わしと慣習」による自治が認められた。

この「習わしと慣習」というものを、もう少し詳しく見てみよう。まず異なるのが選挙のスタイルである。投票箱に無記名で投票するのではなく、広場で住民全員が見守る中、選挙権のある男女が、候補者のなかから挙手などによって自分たちの代表を決める。チェランの場合は、支持する候補者の前に住民が列を作って並ぶという形をとっている。共同体の最高決定機関は住民総会である。日常的な業務は、12人からなる理事会（Concejo Mayor）が行い、これには村の4つの地区から、プレペチャ語で「ケリ keri」（長老）と呼ばれる代表者がそれぞれ3人ずつ参加する。

司法においても、軽犯罪の場合は自分たちで裁くことができる。泥酔者や飲酒運転などは、村内の留置所に拘留され、罰金や清掃活動などの労働奉仕の刑が処せられることもある。けんかや窃盗などは、普通に起きているという。重犯罪の場合は、州の司法当局に引き渡すことになるが、共同体警察が治安をつかさどるようになってからは、殺人や誘拐といった凶悪犯罪は村では見られなくなった。凶悪犯罪のほとんどは、犯罪組織がかかわっているからだ。

その後、大統領選挙や中間選挙が行われたが、チェランでは投票しないと決め、代わりに村でお祭りを催した。もちろん投票は国民の権利なので、「投票に行きたい人は行ってかまわない」とチャベス・サンチェス代表理事。そういう人は、ここではあまり好感をもって見られないが、差別されることもない。それでも、政府の補助金や生産プロジェクトを得るうえでは何の問題もない、という。

犯罪組織による攻撃は、チェランが蜂起した後も続いた。行方不明になったままの人５人、殺害された人は18人にも上った。その間、地区のカトリック神父らは住民を支援し、精神的に支えてくれた。さらに海外メディアが注目し始め、広く報道されるようになったことから、政府は対応を余儀なくされた面もある。

1　Cherán, el pueblo mexicano que se gobierna a sí mismo - BBC News Mundo

サパティスタの先住民運動の流れをくむチェランの挑戦には、村の郊外にある教員養成大学の左翼学生やその卒業生もかかわっているのではないか？　しかしチャベス・サンチェス代表理事は、「彼らは彼らだ。関係ない」と言下に否定した。

植林で持続的発展を

村役場を出て、市場を散策していると、共同体警察の制服を着た男性に出会ったので、話を聞かせてもらった。ウゴ・サンチェスは27歳で、職場では「ウィリー」と呼ばれているという。無線などで呼び合うときに、敵から個人が特定されないよう、それぞれ呼び名がつけられているのだ。もともとは建設作業員だったが、２０１１年の共同体警察の創設に参加した。

「最初は武器もなくてマチェーテだけだった。そのうち銃が与えられ、元軍人だったメンバーから扱い方を習った。最初は毎日パトロールのために2、３時間しか寝る暇がないほどで辛かったが、自分たちの村を守るためだから、とがんばった。給料は最初の1年間は出ず、生活必需品を現物で受け取るだけだった」という。警察官になって3年で結婚し、今は娘と３人暮らし。家族を養えるだけの給料も出るようになった。村の共同体警察は、人々から親しまれ、尊敬されているという。

村はずれの村営森林管理センターを訪れた。室内には、「薪採集の認可」という張り紙があった。共有地の森林から薪を採集したい場合は、管理センターに許可を申請しなければならないのだ。「身分証明書を持参。未成年者には交付しない。トラックの場合は週2回、ワゴン車は週3回まで。生木は採取しない・・・etc.」。これも村の共有資源を持続的に利用するためなのだ。

センターの脇には、植林のための苗木畑があった。国や州の補助を受けて、スギその他の苗木を育てており、犯罪者らに伐採されてしまった山に植林を行っている。2011年から始め、これまでにもう100万本を植え、徐々に緑が回復してきた。ミチョアカンの高地ではアボカドの栽培が盛んで、近隣の村でも植えているところは多いが、ここでは取り組む予定はないという。アボカド農園は大量に水や農薬を使用し、持続的ではないからだ。以前からアボカドの樹を持っている人は、10数本程度なら許容されている。

センターの職員らと話をしていると、若者を荷台に満載した軽トラックが次々に到着して、周囲は急ににぎやかになった。この日は土曜で、植林作業のために働いた人たちが、給料を受け取るためにやって来たのだった。広大な植林地の維持のために、毎日100人以上が雇われているという。植林作業は、植え付けたあとも、肥料を入れたり下草を刈ったりと人手がいる。作業員は大部分が10代から20代の若者で、話してみると、最年少はなんと14歳の中学生。本来は15歳以上でないと雇用してはならないのだが、下校後の午後だけ働かせてもらっていると

植林作業の給料を受け取りに来た若者たち。

いう。アメリカに行って不法就労したことがある、という青年もいた。ちなみに給料は、週5日半、2週間で1000ペソ（当時約5500円）。安いが、遠くに行って働くより安全でいいという。若者の雇用創出にもなっているようだ。

チェランでは、村の中の民家や公共施設の壁に、カラフルな壁画があちこちに描かれている。住民による自治を称えるもの、持続的発展を訴えるもの、自衛のための焚き火を守る老人たちの絵など。村のことをたずねると、人々は誇らしげに自分たちのたたかいや、やり遂げた仕事を語ってくれた。

ミチョアカンは、村を一歩出れば、犯罪組織が暗躍し、行政も司法も汚職まみれという環境である。そのなかで平和を取り戻すためには、国家の支配から自らを切り離すしかない…それが村の人々が自ら選び取った、逆説的な結論だった。実際、国家に保護を求めても、片田舎の先住民の村

村の中の壁画。「大地は私たちのものでない。私たちが大地のものである」。

など、見向きもされないのだ。グローバル資本主義が世界中を席巻するなか、住民自治によって持続的発展を目指すチェランは、小さなユートピアに見える。もちろん実際には、地元で得られる収入は少なく、アメリカに出稼ぎに行った家族からの送金がなければ、暮らしが成り立たないという現実もある。この小さな村の挑戦を、遠くからでも見守っていきたい。

第6章　砂の中の虐殺の記憶――コアウイラ

メキシコ北部、コアウイラ州の南西部に位置する工業都市トレオン。メキシコ中央高原の中北部に位置し、標高は1000m余り。亜熱帯高地だけに、陽が射すと暑くなり、最高気温は40度以上にもなる。その一方で冬には零下になることもある。半乾燥気候だが、川や湖沼があり、広大な平原には綿花畑や麦畑、それに放牧場が広がっている。州で2番目に大きなこの中核都市には、マキラドーラと呼ばれる保税加工工場も発展中である。

州境にあって交通の要衝としても重要なこの街は、とくに2010年代初め、麻薬密輸カルテルの覇権争いの舞台となり、激しい暴力の嵐に見舞われた。ロス・セタスとシナロア・カルテル、そしてゴルフォ・カルテルが三つどもえで報復合戦を繰り広げたのである。2010～2013年の間に、コアウイラ州では1800人以上の行方不明者が出たが、その大部分はこのトレオンに集中している。その後、この地域は新たに到来したハリスコ新世代カルテルが支配するようになり、組織間の抗争はとりあえず下火になった。

「コシナ」と「ギソ」

2019年4月、シルビア・ビエスカとオスカル・サンチェスの夫婦をコアウイラに訪ねた。ベラクルスのソレシートの会のルシアが、「組織犯罪による秘密墓地といってもいろいろある。北部ではどんなふうか、見てくるといい」といって、紹介してくれたのだ。シルビアたちは、2004年に行方不明になった当時16歳の娘のファニーを探している。娘は友人の家を訪ねた後、自宅に帰るためにバス停まで歩いている間に姿が消えた。当局に掛け合ってもまったく情報は得られず、やむなく自分たちで探し始めたという。次第に地元の同じ境遇の家族らが集まり、「グルーポ・ビダ（Grupo Víctimas por sus Desaparecidos en Acción　行動する行方不明犠牲者の会）」が発足した。

娘は見つからないまま、ほかの行方不明者の家族とともに、匿名の人物から寄せられた情報などから、原野に分け入り、これまで多くの遺骨や遺体を発見してきた。「犯罪グループによって遺体の処理の仕方が違う。川の向こうとこちらで変わっている」とシルビア。組織犯罪では、それぞれのボスの考え方によって、殺害の仕方、遺体の隠し方、処理の仕方など、独自のやり方がある。部下は命令に従って、その作業を分担して行うのだ。

なかでも徹底して残虐を極めていたのが、ロス・セタスだった。セタスは、敵や裏切り者と疑う人を拷問し殺害すると、遺体を切断してドラム缶に入れ、ディーゼルオイルをかけて焼く。

さらに残った骨片を粉砕し、地面にまき散らしたり地中に埋めたりしていたのだ。DNAすらも検出させまいという、徹底した抹殺の仕方である。ロス・セタスは、もとは陸軍特殊部隊の出身者が設立しただけあり、身元確認のためのDNA鑑定の仕組みやその限界などを熟知していたからだろう。

セタスに加わったアメリカ人少年へのインタビューで構成したノンフィクション『ウルフ・ボーイズ』のなかに、14歳だった少年を殺害し、「ギソ」にした、という話があった。[1]「ギソ」とは、スペイン語で「煮込み料理」を意味する。ドラム缶の中で、油で煮て焼く。その「ギソ」を行う場所を、「コシナ」と呼ぶ。スペイン語で「台所」を意味する。セタスは、いったい何百人（あるいはもっと？）の人々を、荒野の中の「コシナ」で、土と砂のなかに、文字通り消し去ってしまったのだろうか。帰らぬ息子や娘を何年も待ち、むなしく遺体安置所や秘密墓地を訪ね歩く母親たちの絶望を思うと、やりきれない思いになる。

砂の中に骨を拾う

オスカルが運転する四輪駆動車は、トレオン郊外の広大な農園地帯を抜け、半砂漠の荒れ地に入って行った。ところどころにメスキートという乾燥に強いマメ科の木が生えるだけだが、雨期には草が生え、放牧地として利用されているという。メンバーのひとりが、「あれを見て！」と指さした。遠くに、犬ほどの大きさのコヨーテが数匹、周囲を伺いながら歩いているのが見えた。発掘現場に何度も来ているメンバーも、会えるのは珍しいという。

その日、現場には、シルビア夫妻のほか、一緒に車に乗り合わせたグルーポ・ビダのメンバーがあと2人。別の車で州検察庁の検視官1人と、州警察から護衛の警察官が1人来ていた。現場に着くなり、検視官に呼ばれた。

「スペイン語はわかるか？　英語でもいいぞ。ここでは何が起きても自己責任だ。犯罪者に襲撃される可能性もある。ヘビやサソリなど野生動物の被害に遭うこともある。われわれはあなたの安全に責任は持てない。それを最初に承知しておいてほしい」と念を押された。もちろん、そんなことは承知のうえだが。改めていわれると、そういう場所なのだ、と戦慄が走る。さらに、「私の名前も写真も、公表してはならない」。

私のような外国人は、ちょっと来て、見て、帰ってしまえばそれで終わりだが、現地でかかわる人々は日々、危険の中にある。検視官や警察官は裁判に出て、被告に不利な証言をする。どこで命を狙われるかわからないのだ。シルビアもたびたびSNSなどで脅迫メッセージを受け取っているという。

1　ダン・スレーター、『ウルフ・ボーイズ——二人のアメリカ人少年とメキシコで最も危険な麻薬カルテル』堀江里美訳、青土社、2018年、p.359.

半砂漠の発掘現場。

さらに、白いつなぎの防護服とビニール手袋、それにマスクを渡された。コロナの時代には珍しくない装束だったが、ここでは自分を感染などから守るためではない。自分のDNAが、発掘した骨片の、微量にしか検出できないDNAに混入してしまわないようにするためだ。汗の一滴、唾液の一粒でも、骨片に付着してしまっては、身元確定ができなくなってしまう。

作業はまず、地面から焼かれた骨片の混じった土を掘り出す。犯人たちは穴を掘って、そこに焼いて粉砕した骨を埋めているのだ。この現場では、1人分ずつ埋めているが、ほかの場所では複数の人の骨を混ぜていることもある。バケツ1杯分の土を、1m四方ほどのふるいにかける。乾燥した土から、もうもうと砂ぼこりが上げる。ふるいの網の上には、砂利と小石、そして骨片が残る。そしてふるいの4辺に椅子を置き、4人が座って、網の目の上に残っ

ふるいに残った砂の中から骨片をより分ける。

た骨片を、ピンセットでひとつずつ拾い上げていく。ほとんどが、１センチにも満たない欠片である。

「もう5年以上やっているので、私は駆け出しの検視官などより、骨をより分けるのは上手にできる」とシルビアは笑う。唾液がかかってはいけないので、おしゃべりは最小限で、ひたすら、黙々と素早く手を動かす。終わりの見えない、気の遠くなるような作業だ。奥歯が出てくると、ふるいの上に身をかがめていた人々の顔がパッと明るくなる。奥歯からはＤＮＡが検出されやすいのだ。

骨片以外には、たまに、服のボタンやベルトの金属のバックルなどが出てきたりする。１週間前には、骨折した腕の骨を固定するために入っていた金属のネジが出てきたという。番号が書いてあったので、身元を特定する手がかりになるかもしれない。ほかに、人工心臓のバルブが出てきたこともあるという。……犠牲者は、高齢の病弱な人だったのかもしれない。

そんな人まで、惨殺してしまうとは。

陽が高くなるにしたがって、気温はどんどん上昇してくる。2台の車の間に天幕を張って日陰を作り、ふるいをそこに移動させて作業は続いた。脱水にならないように、ときどき持参した水を飲みに行かなくてはならない。

私は2日続けて捜索作業に同行させてもらい、骨片の収集作業をそばで観察していた。自分にもできそうな気がしたので、手伝わせてもらえないか、と検視官にたずねた。だが答えは「ノー」だった。頭の固い検視官め、と思ったが、実際にはやむを得ない。DNAが混じりこんでしまう可能性だけでなく、裁判の証人に関係者を呼ぶ必要が生じた場合など、あらゆるリスクを考えなくてはならないのだ。

検視官からは、許可した場所しか歩いてはいけない、といわれたが、オスカルがかまわず周辺を案内してくれた。灌木が所々に生えた、焼けつくような荒地を少し行くと、片方だけの古びた女物の靴があった。別の場所には、男物の、これも長く雨風にさらされたように見える運動靴が片方、転がっていた。錆びたドラム缶の欠片らしい金属片も、石の間に放置されていた。

オスカルは、背の高いメスキートの木を指して、「あの木の枝に犠牲者を吊るして拷問し、

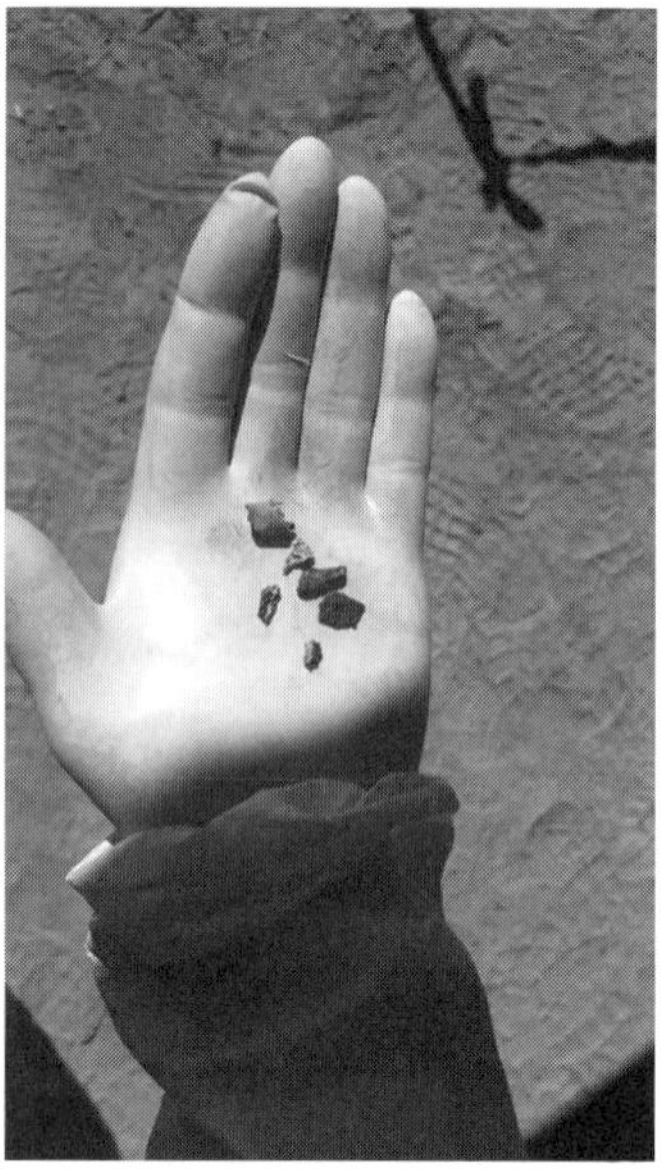
拾い出された骨片。

そこで殺して焼いていたのだ」。

気温は40度近くにもなるが、背筋が寒くなった。被害者は大部分がこの地域の人たちだが、なかにはベラクルスやサカテカスなど、別の州から連れて来られた人もいたという。この大量殺人を指揮した、セタスのこの地域のボスだった男は逮捕され、刑務所に入っている。だが黙秘を続けていて、真相は闇の中だそうだ。そのボスのもとで働いていた、つまり「コシナ」を手伝っていた一族の者たちや手下たちは、逮捕もされず、まだこの周辺に暮らしている。実際、ここではいつ銃弾が飛んできてもおかしくはないのだ。

休憩のときに、来ていたメンバーのひとり、ノルマと話ができた。２か月前からこの会に加わっているという。２０１０年、娘が刑務所に収監されている夫に面会に行ったが、門を入った後、それきり出て来なかったのだという。夫は彼女には会わなかったそうだ。消息はまったくわからない。どうやったらそんなことが起こり得るのか。職員が完全に犯罪組織の支配下にある刑務所は、地獄より恐ろしい。

辛く、報われない仕事

グルーポ・ビダの活動は、水曜から土曜までの週４日。ほかの日は、「疲れるから、休むのよ」とシルビア。実際、グループのほかの活動があったりもするので、毎日現場には出かけられない。土曜に活動するのは、仕事を持っている人も参加しやすいように、という配慮である。シルビアによると、自分も含めて行方不明者の母親たちは、多くが抑うつ状態になりがちなので、何か目標をもって忙しくしている方がいい、という。同じ立場の仲間同士といることで、互いに気持ちを分かち合えるという効果もある。グループの活動に公的な援助はなく、資金はくじ引きイベントなどで寄付を募るほか、ハンバーガーの屋台を出したりもしている。

「この地区の遺骨の収集だけでも、今のペースでは何年かかるかわからない」とシルビア。しかも、せっかく骨片を集めても、DNA鑑定は遅々として進まない。検察庁の鑑定機関では遅いので、ミチョアカン州にある民間のラボラトリーにも委託しているが、費用がかかりすぎるという問題がある。焼かれた骨からはDNAはなかなか検出できず、せっかく骨が見つかっても、動物の骨だといわれたりもする。

さらに、シルビアたちの根気強い、懸命の作業の末に、目標だったDNA鑑定に成功し、身元が特定できても、そこで決着、とは限らない。家族がその結果を受け入れられないというケースもあるのだ。郊外の「コシナ」で見つかった奥歯から、グループのメンバーの娘で、20歳の時に行方不明になっていた女性だと判明した。シルビアたちは、これで彼女の両親は一段落つき、安心したかと思ったが、そうではなかった。両親は、鑑定の結果を受け入れることができなかったのだ。報告書と骨の欠片を渡されても、娘の面影はどこにもなく、間違いの可能性もある。実際、息子だといって遺骨を渡され、葬儀もしたのに、後で「こっちだった」と別の遺骨が来た、というケースがあったと聞いたことがある。

その両親は、その後も行方不明者問題を訴えるデモがあるたびに参加して、娘の写真を掲げて「生きて返せ」と叫んでいるという。

遠くに見える山並みまで、延々と広がる荒野にたたずんで、ときおり舞い上がる砂ぼこりを眺めながら、人の存在とはいったい何なのかと思った。砂の中の骨片、高熱で焼かれた金属のボタン、ＤＮＡ…。それらは、その人ではない。家族に愛されていたその人が、そこにいたかもしれない、手がかりのひとつに過ぎない。無慈悲にも炎の中に消し去られた人と、家族の思い出の中の人を結びつける、か細い糸。そのちぎれた糸の破片をなんとかして結び合わせようと、シルビアたちはピンセットで懸命に探し続ける。骨片の収集は、ため息が出るほど長く細かく、報われない仕事である。彼女もときに、無力感に襲われることもあるという。それでも、「誰かが探してあげないと。ほかに探してくれる人は誰もいないのだから」とほほ笑んだ。

第7章　走る民族とナルコ——チワワ

２０２０年３月。日本では各地の港や空港から入り込んだ新型コロナウイルスがあちこちで発見され、未知の感染症に誰もかれもが疑心暗鬼、イベントというイベントが次々に中止になっていた時期だった。メキシコでも、新型ウイルスの感染症は話題にはなっていたが、その脅威が深刻に受け止められるようになるのは、半月ほど日本よりも遅かった。地球半周分のタイムラグ。そのおかげで、３月に入ってもメキシコでは集会やイベントは、何の問題もなく行われていた。

走る民族ララムリ

目指したのは、チワワ州南西部、タラウマラ山脈の渓谷の小さな町、ウリケで、３月の第１日曜日に開催されるウルトラマラソン大会。「走る民族」として名高い先住民族ララムリ[1]は、日本でもたびたびテレビで紹介され、ララムリの選手が日本のトレイルランニングレースに招待されたりもして、よく知られるようになった。

大会は、「ウルトラマラソン・カバージョ・ブランコ」といい、カラフルな民族衣装に身を包み、ワラーチと呼ばれる古タイヤに革ひもを結わえて作ったサンダルで走る人々と一緒に、80キロの山道を走るというもの。世界のトレイルランナーの間で、「死ぬまでに一度は走りたい」大会のひとつに挙げられている、かもしれない。ウルトラランナーの端くれの私は、メキシコ北部に行くならぜひこれに参加してみたい、と計画を練っていた。

問題は、大会が行われるウリケの町が外界から隔絶した場所にあり、アクセスが非常に難しく、情報も限られていることだった。大会ホームページには、大会の歴史やコース風景が掲載され、過去の大会記録なども、一般の都市での大会と同じように見ることができる。ホテルや民泊のようなところもあるが、ホームページには電話番号しか出ていない。予約のために国際電話をするわけにもいかないしと、大会ホームページの掲示板に書き込みをすると、親切な地元の人や常連ランナーらが何人か反応してくれ、とりあえず泊まれる場所は出発前に確保できた。あとは交通手段だが、ネットでどこを調べても、ウリケの町に行くバスの時刻表が出てこ

1　「ララムリ」という名前は、ララムリ語の「ララ」（足）、「ムリ」（走る）という語から由来し、「走る人」を意味する。同時に「人間」を指す言葉でもある。タラウマラとも呼ばれることがあるが、この呼び名は「ララムリ」という言葉の発音がスペイン語話者には難しかったために、なまった末に定着してしまったものだという。

ない。しょうがない。なんとかなるだろう。

渓谷への旅

メキシコシティから飛行機で、チワワ州の州都チワワシティまで約3時間。1泊して、チワワシティから夜明け前の始発バスに乗って約7時間。長距離バスではあるが、途中いくつもの町で人が乗り降りする。メキシコのバスの旅、それも国境に近い北部では、けっして安全ではない。人が乗り込んでくるたびに、ちゃんと目を覚まして観察していないといけない。

と、途中の停留所で、寒くもないのに黒っぽいスエットのフードを目深にかぶり、黒いマスクをして、さらに車内だというのに黒いサングラスまでした男が乗ってきた。満席だったので、男は立ったまま。次の停留所で、これまたほとんど同じ格好の男が2人乗ってきた。もしや、バス強盗？　いつピストルを取り出すのか、と心臓はドキドキ。バスの中に逃げ場などない。万事休す。バス強盗に遭ったという話は、人から何度も聞いているが、とうとう自分の番か？　財布と携帯を渡せといわれるのだろう、こっそり財布のなかのクレジットカードを抜いて隠すか、などと考えているうちに、次の停留所で男2人は降り、その次の停留所で最初の男も降りて行った。ああ、思い過ごしだったか。よかった。それにしても、メキシコ北部では、こんな強盗ファッションが流行っているのか？

バスは、西マドレ山脈の中の町バウイチボに着き、そこで乗り換え。バウイチボには、絶景の渓谷を行く山岳鉄道として知られるチワワ太平洋鉄道の駅があり、ウリケに向かうバスは、そこからの乗り換え客やほかから来るバスを待って、席が埋まってから出発する。時刻表がないわけだ。この日はランナーとおぼしきララムリの人や外国人の姿も見えた。

ウリケ行きのバスは、アメリカ製の黄色い中古のスクールバスだった。それが、ガードレールも何もない、急カーブが連続する険しい山道を、ブンブンうなりながら下っていく。海抜約１６００ｍのバウイチボから、渓谷の谷底にある海抜５００ｍのウリケの町まで約2時間半、一歩間違えれば谷底に転落しそうな急な、しかも未舗装の坂道が続く。身を守るすべなどないので、ひたすら窓枠にしがみついて祈るしかない。

しかし、窓外の景色は目を見張るほど。グランド・キャニオンのような渓谷美に加え、針葉樹しかなかった寒冷な高地から、標高が下がるにしたがって植生が多様化してくる。木々にはピンク、黄色など、色とりどりの花が咲き、パンヤの木が綿毛をつけているのが見えた。ふもとにはオレンジも栽培されているようだ。まさに桃源郷。

隣に座っていた女性はウリケに長く勤める中学教師で、明日は大会で医療班を担当するといった。お世話になります。彼女によると、ウリケの町はまったく安全で、ナルコがらみの事件など起こったことはない、という。ウリケの行政区は広いので、ときどきニュースで名前が出るが、別の場所のことだ、と語ったが…。

前日イベントに集まった人々。

ウリケは人口約３０００人の白人系の町。近くに鉱山があったため、外部から人が移り住んでできた町である。外界から隔絶された辺鄙な町だが、小さなスーパーやレストランもあり、インターネットカフェも1軒あって、生活に必要なものはひととおり何でもそろう。周辺の渓谷に暮らす先住民族ララムリは、その多くはまとまった集落を形成せず、家族ごとに渓谷のあちこちに家屋を建てたり、ときには洞窟を利用して住居としたりしている。

前日受付と前夜祭で、多くのララムリの人たちが周辺の村々から集まっていた。町の人たちが陽気でおしゃべりなのと対照的に、ララムリの人たちは皆恥ずかしがりで、話しかけてもほとんど返事をしてもらえない。男性たちは、ギャザーのたっぷり入ったカラフルなシャツに白いふんどし、足元はワラーチ、というのが正装だ。最近ではランニングシューズを履く人も増えてきた。ワラーチは快適だが、紐

絶景の渓谷の中を、走る民族とともに。

が切れて困ることがあるのだ。一方の女性たちは、ギャザーのブラウスに、カラーコーディネートしたカラフルなロングスカート。女性のなかにもワラーチを履いている人もいるが、たいていはプラスチック製のサンダルだ。普段着でもあるその格好で、走る。若い人も、おばあちゃんも。

ララムリのドレスは、私もあとで入手して、着て走ってみたが、けっこう重くて足に絡み、お世辞にも走りやすいなんてことはない。しかも、走っているララムリ女性のスカートの膨らみ加減から見て、スカートを二重履きしているようなのだ。恐るべき脚力。急なトレイルを風のように下り、渓流の飛び石を、長いスカートを翻して軽やかに飛び越す女性たちの姿は、ほれぼれと見とれるほどだ。

今回は参加していなかったが、メキシコを代表するララムリのトップ女性ランナー、ロレナ・ラミレスも、いつもドレスにサンダルというスタイルで、世界各地のトレイルの大会を走っている。ロレナは、大会に優勝してスポンサーから最新のランニングシューズを贈られ、「これを履いて走りますか?」とたずねられたとき、「私より遅い人たちが履いているものを、なんで私が?」と答えたという。

ちなみにこの大会では、先住民族のランナーは参加費が無料で、完走しなくても、走った距離に応じてトウモロコシなど食糧のクーポン券が支給されることになっている。そのため、チェックポイントを通過するごとに、頑丈な紙製のブレスレットが付けられるのだ。外国人や一般のメキシコ人選手にとってはうれしい記念の品だが、ララムリの参加者には別の意味がある。彼ら・彼女らにとって大会で走ることは、走る民族としての誇りを示すためだけでなく、食糧を手に入れるためでもあるのだ。

翌日の大会は、何とか12時間余りで無事完走。急な山道の上り下りと砂利道のおかげで脚は完全に売り切れてしまったが、ボランティアの人々に励まされ、最後は笑顔でゴールできた。絵のように美しい景観の中、色とりどりのシャツやスカートを翻して駆けるララムリの人たちと一緒に走れたのは、生涯忘れられない体験になった。

組織暴力の抗争地帯

チワワシティに戻り、NGOの女性人権センターにガビノ・ゴンサレスを訪れた。2006

年以来、チワワ州では、国境の街シウダー・ファアレスだけでなく、州内すべてが麻薬戦争の戦場となり、各地で軍や警察による人権侵害も起き、多くの行方不明者が出ている。センターは文字通り女性の人権擁護のためのものだが、行方不明者を探すのは多くが女性たちであることもあって、行方不明被害者の家族からの相談を積極的に受けるようになった。その担当をしているのがガビノだった。

ガビノに「ウリケは平和だといわれた」と話すと、「そんなことはありえない」と即座に否定された。ウリケ周辺はシナロア州との州境に近いだけに、シナロア・カルテル系とシウダー・ファアレスを根拠地とするファレス・カルテル系の犯罪グループ間の抗争には事欠かない。実際、２０１５年には地元で敵対する武装グループの抗争が激化し、大会の安全が保障できないとして中止になったことがあった。このときは住民２人が殺害され、警察官１人が行方不明になっている。

２０１８年には、アメリカ人のスペイン語教師の青年がウリケで行方不明になった。家族やアメリカ政府が捜査に乗り出し、大騒ぎになったことから犯人らが恐れをなし、埋めていた遺体を掘り出し、失踪から22日後にようやく発見された。地元マフィアがアメリカ人捜査官かと疑い、拷問して殺害してしまったのだ。あとでネットで検索して新聞記事を読むと、遺体の発見場所は、マラソンで走ったコースに近い場所のようだった。

それに加えて２０１９年11月には、チワワ州とソノラ州の州境で、乗用車で移動中だった米国籍のモルモン教徒の女性3人子ども6人が虐殺された事件である。ファレス・カルテル系のラ・リネアが敵と間違えて襲撃したとされるが、真相ははっきりしない。ウリケとは遠く離れた場所だったとはいえ、アメリカ政府はチワワ州への旅行中止の勧告を出し、アメリカ人観光客は激減した。今回の大会も、例年ならリトル・アメリカの様相になるはずが、アメリカ人参加者はかなり減っていた。

暴力が支配する山岳地

ちょうどセンターでは、アムネスティ・インターナショナルの担当者が来て、マフィアの暴力にさらされている山岳地帯のララムリの村人のために、3日間にわたって人権学習会を行っているところだった。村は、チワワ州南部、ドゥランゴ州とシナロア州の州境に近いコロラダス・デ・ラ・ビルヘンという。交通手段がないため、徒歩で1日歩き、それからバスを乗り継いで、2日かけてチワワシティに来た。村での暴力から逃れてチワワシティに移り住んでいた人たちも加わっていた。学習会といっても、スペイン語の理解が不十分だったり、読み書きが苦手な人も多いので、皆で絵を描くなど工夫しながら、村での現状を再確認し、自分たちの権利を守るために何ができるかを自ら考える、という自己啓発活動である。

2000年代以降の村での出来事を絵に描いた年表を見せてもらった。貧しい山村の人々が

村の地図を描きながら、現状を再確認する。

いかに理不尽な暴力の犠牲になっているか、驚くほどだ。まず、カシケと呼ばれる地主。村の人々との間で土地所有を巡って対立している。さらに、鉱山開発業者。カナダやオーストラリアの企業だという。カシケが勝手に村の土地の開発許可を与えてしまったため、村人に立ち退きを要求してきている。そして、村の土地に入り込んで、勝手にアヘンやマリワナを栽培するマフィアである。これは武装グループを従えており、村人が何人も殺害され、多くの家族が家を焼かれ、村から追い出された。村を守るために働いていた活動家らは次々に殺され、「もう私たちを守ってくれる人がいなくなってしまった」という。

翌日は、村の地図を皆で描いた。村人のトウモロコシ畑に隣接して、マフィアの麻薬栽培畑がある。なんと、村の中に組織が作った秘密滑走路まであるのだ。道路が未整備な山岳地だけに、収穫した大量のマリワナやアヘンゴムを運び出し、また栽培のための資材を搬入するにはセスナが不可欠、ということなのだ。

村には小学校も診療所もあるが、5、6年前に暴力が激化してからは、教師も医師も恐れて来なくなってしまった。村には就学年齢の子どもたちが20人くらいいる。しかし別の村の学校までは徒歩で2時間もかかるので、通うことができない。やむなく家で親の手伝いなどしていて、文字の読み書きも習えないままだという。病人が出たときは、車を頼んで近くの村の診療所かチワワシティまで運ぶしかない。

川があり、水は豊富だが、電気が来ていない。夜間の明かりは昔ながらのろうそくやカンテラだという。電話もない。携帯電話は、山の高いところまで登らないと電波が入らない。村の活動家のひとりは、マフィアに追われ、携帯で助けを呼ぼうと尾根まで来たところで追っ手につかまり、殺害されてしまった。

政府の貧困対策事業も農業支援も届いていない。警察を呼んでも、来るのは2日後である…。その警察も、実際のところはマフィアと共謀している。まさに陸の孤島にして四面楚歌、国家から遠く切り離された存在である。21世紀のメキシコで、いまだにこのような村があるとは。

村を支援するNGO、「アリアンサ・シエラマドレ」代表で、長年タラウマラ山脈で活動している人類学者のイセラ・ゴンサレスによると、情況はさらに複雑である。村の人の中には、アヘンゲシの収穫などに働きに行く人もいるというのだ。実際、山の中でほかに仕事はなく、行けばいい日銭が稼げる。庭先でこっそりマリワナを栽培する人もいる。その場にいた女性も、「マリワナ畑で働くと、なぜかすごくお腹が空くのよ」と笑って話した。先住民の人たちは、ナルコの被害者であるが、一部では共犯者でもあるのだ。ウリケのマラソン大会で、ララムリの青年たちがハッパ柄の野球帽やバンダナを身に着けていたのを思い出した。粋がりたい年頃だけに、麻薬畑に働きに行くこともあるのかもしれない。違法薬物の生産が、地場産業のひとつとして根付いているこの地域では、底辺の人々にとっても、それが経済を下支えしているという現実がある。

それにしても、この絶望的な状況のなかで、どうしたら自分たちの村を守れるか？「マフィアから襲撃を受けたらすぐに逃げ出せるように、持ち出し袋を用意する」「村はずれの洞窟など、一時的に隠れられる場所に食料などを備蓄しておく」など、村の若い世代の人たちから、次々にアイデアが出た。イセラの団体など、支援してくれる人たちもいる。地元の警察がだめでも、連邦警察はあてにできる。「私たちは『走る民族』だから、いざとなれば走って逃げられる」と若い女性がいい、皆が笑顔になった。

支え合う被害者家族

センターでは毎週末、行方不明被害者の家族が集い、語り合う会が開かれている。コロラダスの村から来た人たちが帰って行った日曜日、チワワシティから西に約１００キロ、州内で３番目に大きい街のクァウテモクから、センターが手配したバスで約20人がやってきた。男性は２人だけで、あとは皆、女性だった。皆、子どもやきょうだいなど、家族の誰かが行方不明になっている人たちである。

クァウテモクはタラウマラ山脈の入り口にあたり、リンゴ栽培が盛んな農業地帯だが、ガビノによると最近、麻薬密輸組織の暴力が再燃しており、２０２０年1月だけで30人も行方不明者が出ている。3月現在になっても、その誰ひとりとして発見されていない。この地域で覇権を争うラ・リネアとシナロア系の組織の抗争だろうか？

センターのスタッフが、女性たちが連れてきた子どもたちを近くの博物館に連れ出し、大人同士が落ち着いて話し合える環境を整えた。法的な手続きなど、個別に相談が必要な人は別室に移り、残りの人たちがホールで円陣に置いた椅子に座り、それぞれの悩みを話し、聞き合う、いわゆるピアカウンセリングである。スタッフが、「話したい人は話し、話したくない人は話さなくてよい。ここで聞いた話はほかには漏らさない」など、基本的なルールを伝え、フリートーキングが始まった。

女性のひとりが、こう口火を切った。「ここに来るというと、夫は、『なんで行くんだ、なんの役に立つ?』という。でも私はこういう。『あんたは息子をお腹の中に9か月も抱えていなかった。私はあの子の母親だ。最後まで私はあの子に責任を持つ』と」。

別の女性も、「友達が、『死にたい、会合にも行きたくない』という。でもだから行くのよ、と誘ったのだけど。私も息子が行方不明になって絶望していたが、ここに来たことでいろいろなドアを開くことができた」と語った。そこから、行方不明者家族が体験するうつ状態に話題が移った。うつ症状から自殺未遂を繰り返す人、引きこもりになる人もいる。精神的な落ち込みはほかの病気につながることもある。

ひとりで参加していた男性は、「息子が行方不明になって以来、妻はうつになって、長くベッドから出られなかった。やっとそれが改善したと思ったら、今度はがんの診断が出て、手術することになった。ここに来たいというが来られない状態だ」と語った。スタッフが、「それでは私たちが訪問しましょう」と話した。

親が行方不明になったことは、子どもにも深刻な心の傷を与える。ある女性は息子が行方不明になったあと、「復讐してやる」と話していた甥までもが行方不明になった。その甥には、妻と18歳、12歳の息子２人いるが、みな家に引きこもってなにもしていない。子どもたちはベッドの中で一日中ゲームをしているようで、風呂にも入らず、家は汚れ放題だ。上の子は、父親が行方不明になる前、家に男が来て父親の仕事先や帰る時間をたずね、その子が答えてしまっていた。それで自分を責めているのだろう、という。下の子はたまに学校に行くが、休みがち。犯罪犠牲者に対する政府の支援金は出ているが、母親は金が入ると食べ物より趣味のバービー人形を買ってしまう。そのせいで子どもたちはろくに物も食べていない…。

カウンセリングのトレーニングを受けているスタッフはそれを受け、「バービーでもなんでも、なにか関心を持つものがあるのはよいことだ。それが生きる希望につながるから。私たちもなにができてるか、一緒に考えましょう」と引き取った。

兄が行方不明になっている、という女性は、その時の様子を語った。

3年前、家族が家にいるときに、突然、「警察だ」といって武装した男たちが家に押し込んできた。警察にしては、制服がずいぶんボロだった。兄を後ろ手に縛って引き立てて行った。兄は、なにが起きたのかわからない様子で、落ち着いて見えた。兄のパソコンなども持って行かれた。なぜ連れて行かれたのか、心当たりはなにもない。その後、近所の、兄と同じ名前の男が、同じように行方不明になった。兄は間違えて連れて行かれたのかもしれない。

時間になり、司会が会の終了を告げようとしたとき、それまで沈黙していたひとりの女性が突然、堰を切ったように語り出した。

息子が行方不明になって以来、なにもする気にならず、夜も眠れない。犯人とされる男が捕まったが、裁判官は組織を怖がってなにもできないでいる。私は毎朝、もしかしたらなにかわかったと電話があるかもしれない、今日こそ息子のことで連絡が来るかもしれない、とそれだけを考えてベッドから起き上がる。それだけのために毎日生きている…。

と、手の甲で涙を拭った。その場にいた人はみな涙し、隣に座っていた女性がポケットティシュを手渡した。

行方不明の家族を持つことは、毎日、終わりの見えない苦しみを抱えることでもある。その苦しみは、同じ立場の人同士でないと理解しえない。ガビノは、「人々は家族を失ったが、ここに来て新しい家族に出会うのだ」と教えてくれた。

第8章　アヨツィナパ事件とその後——ゲレロ

２０１４年９月、メキシコ中東部ゲレロ州の街で、大学生や市民ら６人が殺害され、さらに学生43人が拉致され、行方不明になるという事件が起きた。学生たちが在籍したのは、正式にはラウル・イシドロ・ブルゴス農村教員養成学校というが、一般には所在地の名前を取って、アヨツィナパ教員養成大学と呼ばれることが多い。事件は「アヨツィナパ事件」や、事件が起きた街の名前を取って「イグアラ事件」と呼ばれたりもする。

被害者の数が多く、それも若い学生たちだったこともあり、事件が報道されると、メキシコ中はもとより、世界中に衝撃が走った。当初から麻薬密輸組織と当局の共犯関係がうかがえたことも、報道に拍車をかけた。さらにその後一転して、初期のメキシコ当局の発表は、じつはすべては嘘とごまかしで、そこには政府高官までがかかわっていたことが明らかになった。小説や映画などより、はるかに上を行く、驚くべき展開である。

同時に、人を「行方不明」にする、という犯罪の恐ろしさが、この事件をきっかけに注目されるようになった。まさに、メキシコ麻薬戦争の混沌と悲惨さを象徴する事件のひとつだといえる。

アヨツィナパ事件とは

事件が起きたのは、９月26日から27日未明にかけて。学生ら約１００人が、借り上げたバス５台に分乗して移動中に、突然警察官らから襲撃を受けた。銃撃を受け、その場で学生２人が死亡し、２人が重傷を負った。さらに偶然近くを通りかかったタクシーや、学生らのバスに似た色の別のバスで移動中だったサッカーチームの選手らも銃弾を受け、タクシーの乗客、バスの運転手、サッカー選手の３人が死亡した。翌朝、さらにひとりの学生が、惨殺遺体となって別の場所で発見された。重傷を負った学生のひとりは、２０２３年時点も意識不明の植物状態にある。そしてこのとき、43人の学生たちが拉致されて行き、それきり行方知れずになってしまった。

事件後間もなく、当時の検事総長が、「歴史的真実」と称して、事件の「真相」とされるものを発表した。実行犯やそれを指示したとされる犯人らも逮捕された。拉致された学生43人は、隣接するコクラ市のごみ焼却場で焼かれた、とされた。

しかし当初から、当局の発表は怪しい、嘘じゃないかと行方不明学生の家族らは疑っていた。

実際、ジャーナリストや独立系の専門家らが独自に調査した結果、「犯人」とされた人たちは事件とは無関係で、警察が拷問し、無理やり自白させたものと推定していた。

ジャーナリストらは、その翌年にはほぼ当時の状況を探り当てていたのだが、当局は頑なにそれを認めようとしてこなかった。背後に、犯罪組織と当局の根深い癒着、そして軍の関与がうかがえていた。それだけに、そのまま迷宮入りするかと思えていた。

ようやく新たな進展があったのは、政権が交代し、事件から8年もたった2022年8月だった。アヨツィナパ事件の解明を約束して2018年に就任した中道左派のロペス・オブラドール大統領のもと、真相解明委員会が再調査を行い、事件は地元の犯罪組織と国家当局が共謀した「国家による犯罪」だったと発表した。「歴史的真実」だとして嘘の発表を行った元検事総長が逮捕され、さらに、軍司令官やゲレロ州の行政・司法当局者らも複数逮捕された。

これまで「聖域」として、犯罪捜査がなかなか及ばなかった陸海軍に司法の手が入ったのは、画期的なことだった。しかし真相は、公表されたことがすべてなのか？　まだ責任を追及すべき人物がいるのではないか？　本稿の脱稿後にも、また新たな展開があるかもしれない。

そのほかの行方不明者も

ゲレロ州は、全国でももっとも暴力のレベルの高い州のひとつである。州内で活動する犯罪グループは細分化され、14グループあるといったり、少なくとも40以上あるという報道もあった。[1] 警察や政治家は、賄賂や脅迫で犯罪組織にコントロールされ、汚職の度合いは深い。[2] 警察も軍も当てにできない先住民族の村では、村人が共同体警察を結成し、小学生の年齢の子どもたちまでが参加している風景がテレビで流されたりもした。[3]

２０１４年９月の学生43人行方不明事件をきっかけに、この地域でどれだけの人々が行方不明になっているか、現状が初めて報道され、世間は驚愕した。行方不明になった学生たちを探してイグアラ近郊の山野を発掘すると、次々に埋められていた遺体が出てきたのだ。いずれもアヨツィナパの学生ではなかった。だが43人どころではない、イグアラだけでも、この時点で５００人以上もの行方不明者が、あちこちに埋められていたのだ。

これをきっかけにイグアラ市では、「そのほかの行方不明者の会」が立ち上がり、それまで犯罪者からの報復を恐れて沈黙するしかなかった行方不明者家族が結束し、みずから秘密墓地を探しに山野に分け入るようになった。こうして、全国各地で行方不明者が頻発しているという問題に光が当たり、同様のグループが各地で立ち上がるようになったのだ。

1　La Jornada: Disputan 14 grupos criminales control de Guerrero
2　La guerra cotidiana: Guerrero y los retos a la paz en México | Crisis Group
3　Niños armados en Guerrero: la polémica medida de un pueblo indígena en México para defenderse del narco - BBC News Mundo

マフィアが支配する街

私が43人学生行方不明事件が起きたこの街を訪れたのは、事件からまもなく1年を迎える2015年9月だった。メキシコシティでうっかり置き引きに遭い、カメラも携帯もすっかりなくすというアクシデントに見舞われたが、何とか気を取り直して、何かと不穏な話題が多すぎるゲレロ州へ。旅立つ前に何人か知人に当たってみたけれど、皆顔をしかめて「危ないよ」というだけで、これという頼れる人は紹介してもらえず。ある人は、「インフォーマントがいたけれど、殺されてしまった」といった。しかたがない。いつものように、行けば何とかなるさと、長距離バスに乗った。

イグアラ市は、太平洋岸の港湾都市アカプルコと首都を結ぶ交通の要衝にあり、さらに周辺の西マドレ山脈に点在する村や町から来る物産の集散地でもある。標高700m余り。メキシコシティからのバスがイグアラ市に近づくと、街道沿いの並木や歩く人々の服装は亜熱帯のそれになってきた。ここは日本の夏並みに暑い。だが明るい風景とは裏腹に、中心街に入る手前に官桶屋が並んでいるのが目に入り、不吉な気分になった。

中心街に宿をとり、少し緊張しながら中央広場に行ってみた。イグアラは、スペインからの独立戦争で重要なイベントの舞台となった、史跡の地でもある。街の歴史を記念した立派なモニュメントや博物館があり、巨木が心地よい影を落とす公園のベンチでは、お年寄りや子ども連れが昼下がりのひとときをのんびり過ごしていた。

消えない事件の傷

中央広場の脇に市庁舎があった。外壁は白く塗られていたが、前年の事件の後、怒った市民の焼き討ちに遭って、内側は真っ黒に焼け焦げたままだった。43人の学生行方不明事件の解決を訴える横断幕が、庁舎の正面に掲げられていた。

その向かいにテントがあり、「43」という文字をあしらったTシャツなどを売っていたので声をかけてみた。行方不明学生の親たちを支援するボランティアの人たちのテントで、その中のラウルという教員の男性が、「事件の現場に連れて行ってあげよう」といってくれた。43人の学生が最初に襲撃された場所は、市庁舎からほんの数ブロックだが、「ひとりで行っては危ない」というので、タクシーを拾った。

中心街から細い道を抜けて幹線道路に出たところの角で降りると、そこに花輪がかけられた十字架が2本、立っていた。その場で亡くなった学生らの親たちが立てたものである。そのすぐ脇に、モニュメントが事件1周年の日にお披露目される予定だったが、このときはまだコンクリートの基盤に鉄筋の棒が立っているだけだった。近くの民家の壁には、まだ生々しい銃弾の跡が残っていた。

最初に襲撃事件があった場所。

学生たちは、メキシコシティで行われるイベントに参加するため、イグアラ市のバス会社から5台のバスを運転手付きで借用して、大学の寮に戻るところだった。ゲレロ州の教員養成大学は、伝統的に貧しい農村部出身の若者を積極的に入学させる方針をとり、多くの左翼活動家を輩出してきたところである。左翼のやんちゃな学生たちは、活動のために協力をと、車両を半ば強引に、タダで借りて行くのを恒例としている。実際にはバス会社にとっては、無賃で何日もバスを持ち出されるのは経済的な損失で、警察に相談もしていた。

学生たちの乗ったバスは、この場所でパトカーに前後をふさがれ、いきなり激しい銃撃を受けた。学生たちにとって、警察に制止されることは想定内ではあったが、まさか実弾で狙い撃ちされるとは考えてもいなかった。最初は石を投げて応戦していた学生たちも、命からがら逃げ出して周辺の民家に助けを求め、かくまってもらった。怪我をした学生たちは近くのクリニックに駆け込んだが、顔面に重傷を負った学生は治療を拒否された…。そんな話をラウルから聞き、写真を撮っている間に、市警察のトラックが通りかかった。もしや、見張られている？

再びタクシーに乗って市庁舎前のテントに戻ったところで、「タクシーの中ではいえなかったけど」とラウルはいい、この街では毎週、５、６人が殺されたり行方不明になっている、と教えてくれた。市内のタクシーのほとんどはマフィアの情報屋でもあるので、余計なことはいえないのだという。「その辺のやつらも、マフィアの見張りかもしれない」と、広場の角でたむろしている数人の若い男女を目で示した。確かに、平日の昼間から暇そうに立っている姿は怪しい。まどろむようにのどかな亜熱帯の街の景色が、いきなり不穏なものに見えてきた。

夜８時。陽も傾いて暑さも和らいだ頃、中央広場の周りには茹でトウモロコシやカットフルーツ、駄菓子の屋台などが出て、家族連れや恋人たちがそぞろ歩くのが見えた。治安に問題があるとは思えない風景だった。しかしホテルでも、夜９時以降は出歩かないほうがいいといわれ、実際その時刻になると、不思議なほど、窓の外の道路からパタリと物音が途絶えた。

嘘で固めた「歴史的真実」

イグアラ事件では当初、ホセ・ルイス・アバルカ市長とその妻が主犯とされ、逮捕された。夫の任期終了後、妻は次期市長の座を目指していたという。まだ若い、美男美女といっていい市長夫妻の写真が、日本を含め世界中のメディアに流された。

市長の妻マリア・デ・ロス・アンヘレス・ピネダは、２０００年代初めに猛威を振るったベルトラン・レイバ・カルテルのボスらの姉妹だった。夫妻が短期間に地元で富をなし、政界に進出したのも、麻薬カルテルとの関係があってのことだ、とされた。市長夫人は複数の金の宝飾店も経営していたという。

イグアラ市を訪れてみると、バスターミナルの脇に宝飾品の専門店が軒を並べるマーケットがあった。金細工は地元の重要産業だったのだ。実際、ゲレロ州はメキシコで5番目に金の産出量が多い州である。イグアラは、その周辺の山地に金鉱山があり、金の取引きに従事する人も多い。アバルカの母親の家族も、金取引きを生業としており、それがきっかけで妻と出会ったという。

マーケットを覗いてみた。高級品専門の店もあれば、お手頃価格のカジュアルなアクセサリー中心の店もある。金細工はだいたい全部14Kで、デザインは関係なく価格はすべて重さで決まるのだという。材料の金も商品も、必ずしも地元産ではない。多くは外国からの輸入品だ。かつてはこれを目当てに訪れる観光客もいたが、事件をきっかけに客足が遠のいてしまった。

メキシコの南の小黄金三角地帯と呼ばれる麻薬栽培地域の中心地であるだけに、金取引きは地元の麻薬密輸カルテルにとって都合のよい資金洗浄の手段でもあるのだろう。鉱山開発、汚職、マフィア、麻薬の生産・密輸、マネーロンダリング。メキシコ北部山岳地帯と同様に、これらはいつもセットになっているのだ。

アバルカ元市長夫妻に関しては、43人学生拉致事件の実行犯とされる犯罪組織「ゲレロス・ウニードス」の実質的なリーダーがこの妻だったなど、まことしやかに、半ば面白おかしく語られた。気の強い美人妻が夫を操って権力を手にしようとしていた、というストーリーに、マスコミは飛びついた。だが実際のところはどうだったのか？

見えないナルコ

翌日、イグアラからバスで1時間余りのテロロアパンという町を訪れてみた。自分が訳したヨアン・グリロの『メキシコ麻薬戦争』で、昔からマリワナ栽培の盛んな地として名前が出ていた町である。どんなところかとネットで検索してみると、その4日前の新聞報道で、犯罪率が高いうえ、組織から脅されるなどして200人以上いた市警察官がたった5人になってしまった。そのため市長は治安維持のために軍の支援を要請した、などという記事が出てきた。

…こういうのは、行く前に見てはいけない。

新聞報道は見なかったことにして、ホテルでテロロアパン行きのバスの出る場所を教えてもらった。バスは1時間に数本あり、イグアラからは1時間余り。マドレ山中に位置し、標高は約1800m。イグアラに比べるとかなり涼しい。町の入口近くで軍の検問があり、目つきの鋭い兵士が乗り込んできたが、乗客を見回しただけですぐに降りていった。街の入り口にある

テロロアパンの市庁舎前広場。独立記念日のイベントを前に、カラフルに飾り付けられていた。

バスターミナルで乗り合いのバンに乗り換え、丘のてっぺんにある中心街に。市庁舎には美人コンテストの巨大な予告が張り出され、中央広場の周囲には市場が広がり、週末の買い物を楽しむ人たちで賑わっていた。迷路のような市場を歩き回り、タコス屋の夫婦や相客らと話をしてみても、マリワナのマの字もマフィアのマの字も、いったいどこに?と思わせる明るい田舎町の風情である。警察官が一斉に辞職するほど治安が悪いようには見えない。メキシコ麻薬戦争では、何人も死者が出て、行方不明者が出ている脇で、たいていの人々はごく普通に日常生活を送っている。身近で抗争が起きても、「やつら同士のこと」といったりする。自分のところに流れ弾が飛んで来たり、家族が誘拐されて身代金請求が来たりするまでは。

イグアラ市に戻り、再び市庁舎前のボランティアたちのテントを覗きに行くと、明日アヨツィナパに行く、という医師の女性がいた。パトリシアという名前で、以前に医療ボランティアで行ったことがあるという。２人でタクシーで行けば、バスで行くより少し高いくらいで早く着くというので、一緒に行かせてもらうことにした。

アヨツィナパ教員養成大学

そして翌朝。ホテルのロビーでパトリシアが来るのを待つこと1時間半。彼女の携帯電話に何度かメッセージを入れたが返事はない。メキシコじゃ、赤の他人との約束なんて守ってもらえたらラッキー、みたいなものだから、あきらめてひとりで行くことにした。

イグアラから州都のチルパンシンゴまで、バスで約1時間半。中心街で最初に見つけた安宿にスーツケースを置いて、バスターミナルから再びバスに。アヨツィナパ教員養成大学は、州都からバスで約20分、ティクストラという大きな街のすぐ手前にあった。小学校教員を養成する男子のみの全寮制学校で、学生は５００人余り。学校前のバス停にも学内の壁にも、カメの絵が描かれている。「アヨツィ」とはナワトル語で「カメ」、「ナパ」とは「場所」を表す言葉。つまり、「カメのいる場所」が地名の意味である。学生たちの象徴として、カメの絵がしばしば使われるのは、そういうわけなのだ。

事件1周年記念行事のために、大学の集会所に張り出された行方不明学生たちの写真。

メキシコの教員養成大学は、1920年代、当時識字率の低かった農村部を近代化する必要から、とくに農村部に派遣する小学校教員を養成するために創設された。基本的に全寮制で費用がかからないため、家は貧しいが高等教育を受けて道を切り開きたい、と熱意をもつ若者たちの受け皿になってきた。実際、私が住み込んでいたワステカの先住民の村でも、近隣の州の教員養成大学の寮に入ったおかげで教師になる夢をかなえることができた、という人の話を聞いた。だが伝統的に教員養成大学ではマルクス主義が受け継がれ、左翼活動が活発なため、政府から疎まれ、予算は削減され、多くの学校が閉鎖されてきたという現状がある。

なかでもアヨツィナパは、1960〜70年代初めにかけて活動したルシオ・カバーニャスという有名な左翼ゲリラが卒業したことで知られている。小ぢんまりとした構内の建物の壁に、43人の行方不明学生らの顔の絵とともに、チェ・ゲバラやホーチミンなど、世界の革命家の肖像があちこちに描かれている。

歩いていると、なんとあのパトリシアがベンチに座っているのが見えた。仕事が忙しくて電話に出ることもできなかった、という。ホテルに行ったが、私はもう出発した後だった、と。イグアラからタクシーで直行したら、私より先に着いたのだそうだ。

ちょうど1年生が集合して農作業を始めるところだった。指導する教師に挨拶すると、ここ ろよく見学させてくれた。集まった50人ほどの学生たちは、20歳前後から、もっと上に見える学生までいる。学生の受け入れに年齢制限は設けていないそうだ。この学校には付属の農場や牧場があり、家畜も飼育している。学生たちが作業を担い、寮の食事の足しにするのだそうだ。案内してくれた教師によると、学生たちは将来、辺鄙な村で教員として働くことになるので、ここで農作業を習っておくことが必要だという。

雑草の刈り取り作業をしていた学生のひとりが、「トゲが刺さった」とやって来たので、パトリシアと一緒に医務室に行った。医務室といってもベッドがひとつと、棚に医薬品が乱雑に積まれているだけ。それも同じ薬ばかりで、使用期限切れのものも多い。これだけの数の学生が生活しているのに、常駐の看護師もいない。深く刺さったトゲを抜くために必要な道具がないので、街の病院に行かなくてはならないが、その費用の話になって、学生はうつむいてしまった。パトリシアと私が100ペソ札を1枚ずつ差し出すと、ようやくほっとした表情になった。

農業用機材の倉庫の脇に、大手乳製品メーカー「ララ」のトラックが、タイヤもガラスもない無残な姿で放置されていた。それは何かと教師にたずねると、ニヤリと笑って、「われわれの学校は政府から援助を得ていないので、いつも資金が足りない。なので、しばしばララやコカコーラのトラックを強奪して、学生たちの食糧にするのだ」という。学生たちは正々堂々、制服のポロシャツ着用で「犯行」に及ぶ。運転手たちは、強奪されたと警察に届ければそれで終わり、保険にも入っているので、抵抗もしないのだそうだ。しかし、それって…。

さらに倉庫の裏に、古びたコーラ瓶が積み上げられているのが見えた。ぼろ布が瓶の口に突っ込まれている。たずねてみると、やっぱり。火炎瓶だ。「われわれは武器は一切備えていない。当局はわれわれのことを武装しているなどというがウソだ。警察などが襲撃してきたとき、これが反撃するための唯一の手段なのだ」

…なかなか物騒な構えの学校である。高校を出たばかりの、政治に関心などもったことのない、いまどきの青年たちにとっては、刺激が強すぎるかもしれない。

アヨツィナパをはじめ教員養成大学の学生や教師らのアナーキスト的な振る舞いに関しては、世間では賛否両論がある。私もゲレロ州内をバスで移動中、突然バスが停止され、州内の別の

教師になる志半ばで行方不明にされた学生たちの椅子が並べられていた。

教員養成大学の学生が乗り込んできたことがあった。「州都での集会に参加するための募金をお願いします」と募金箱を持って回ってきたのだ。窓の外を見ると、覆面で顔を覆った学生が、私が乗っているバスのガソリンタンクのふたを開け、ゴムホースを差し込んでポリタンクに移しているのが見えた。うわさに聞いた、ガソリンの強制徴用だ。バスの運転手が駆け寄ってきて、「そのくらいにしてくれ」といっているようだった。無賃で借りたバスの燃料が足りなくなれば、こうやって別の路線バスからいただいて、無銭バス旅行を続ける。一般の旅行者に被害が及ぶわけではないが、バス会社にとってはいい迷惑だろう。

バスの車内では、だいたいの乗客はなにがしかの小銭を学生の募金箱に入れていた。しかし、学生が降りた後、ひとりの年配の女性が、「ああいうことをやっているから、あんな目に遭うのよ」

「貧しい学生だとかいってるけど、ブランドのサングラスをして、スマホだって持ってるよ」などと連れに話しているのが聞こえた。

メキシコはいまも貧富の格差が大きいとはいえ、一部では底上げもされ、貧困が見えにくいものになってきているのは確かだ。しかし依然として農村部、とくに先住民地域では、貧困の世代間の連鎖から抜け出る機会は限られている。教員養成大学は貧しい若者に夢を与える、数少ない選択肢なのだ。左翼学生たちも、伝統と化した違法行為を改め、政府との無駄な対立を避けるようにできないものだろうか。

43人失踪事件の「真実」

チルパンシンゴ2日目、「モクテスマの復讐」にやられて、1日起き上がれず。市場の珍しい果物を勧められるがままに試食し、ろくに手も洗わないで場末の露店で立ち食いしていたせいだ。ひ弱な胃腸の外国人は、アステカの最後の皇帝の裁きに遭う。日本から持ってきた〇露丸なんぞは気休めにもならず、近くのクリニックに行って抗生物質をもらってきた。私が激しい腹痛で寝込んでいる間に、アヨツィナパ学生43人拉致失踪事件で新しい展開があった。米州人権委員会が派遣した外国人専門家によるグループが、調査結果を発表したのだ。それによると、当時の検事総長ムリージョ・カラムが、２０１４年10月に「歴史的事実」として発表した結論がことごとく否定されていた。簡単にまとめると、次の通り。

1. 学生43人はイグアラに隣接するコクラ市のゴミ焼却場で燃やされたとされていたが、そのためには3トン以上の薪か1・3トン以上のタイヤを60時間燃やす必要がある。煙も大きく上がり、住民が見ないはずがない。さらに当日の夜は雨天で野焼きは不可能であり、実際その日の衛星写真にはなにも写っていなかった。
2. 学生たちが無賃で借りたバスは4台といわれていたが、実際は5台だった。
3. 学生たちに最初に発砲したのは市警察で、軍や連邦警察は関わっていないとされたが、実際には軍と連邦警察もその場にいた。それにもかかわらず、襲撃を阻止しようとしなかった。
4. 学生たちは市長の妻のイベントを邪魔しに来たとされていたが、実際には学生たちのバスが出発した時間にはイベントはすでに終わって、夫妻は中央広場の脇のタコス屋で夕食中だった。学生たちはイベントのことはなにも知らず、妨害する意図もなかった。

犯罪が多発する街だけに、市内各所に監視カメラが備えられていたにもかかわらず、その録画が偶然か意図的か、ほとんどが保存されていないなど、捜査のずさんさも暴露された。

専門家グループの中のペルー人犯罪学者は、5台目のバスがほかの4台と違って一切銃弾を受けておらず、また証拠となるビデオや軍・警察の記録からその存在が消されていること、さらに警察とマフィアが執拗なまでに学生らに攻撃を加えたことを考え合わせると、この5台目のバスに麻薬が積載されていた可能性がある、と結論づけた。事件翌朝に遺体となって発見された学生のひとり、フリオ・セサル・モンドラゴンが激しい拷問を受け、顔面の皮をはがされるなどしていたのも、麻薬を横取りに来たマフィアだと疑われたからだと説明がつく。

イグアラの地元マフィアはシカゴ・マフィアとつながりを持ち、イグアラから直接、長距離バスを用いてヘロインが輸送されていたことがわかっている。そのため犯罪組織は、バスが市外に出ることをなんとしても阻止しようとしたのだろうという。学生たちは、バスの床下にそんな物騒なモノが仕込まれているとはつゆ知らず、乗り込んでしまっていたのだ。「証人」や「実行犯」とされた人々の多くも、拷問と脅迫によって事実とは異なる証言をさせられた無実の人たちだったことが判明した。

8年後の「真実」

2022年8月、事件から約8年後、ようやく次の展開があった。「歴史的真実」を発表した元検事総長ムリージョ・カラムが、43人の学生失踪事件に関連して、強制失踪、拷問、司法妨害の罪状で逮捕されたのだ。さらに、軍関係者20人を含む83人にも逮捕状が出された。ついに司法の手が、腐敗した軍当局に及んだ、と大々的に報道された。だが実際には、軍人16人、民間人５人の逮捕状がその後秘かに取り消されていたことが、１か月後に判明。どこからか強力な圧力がかかったようだ。軍関係でこのとき逮捕されたのは、４人だけだった。

そのなかには、地元の犯罪組織ゲレロス・ウニードスと結びついていた陸軍大佐もおり、これが43人のうちの６人の殺害を請け負ったという。６人は、事件後も数日間生きたまま監禁されていた。この大佐は、事件から1年後に少将に昇格している。これは、旅団将軍に次ぐ上位の階級である。ちなみに43人の学生らは全員が一緒に連行されて行ったのではなく、数人ずつのグループに分けられ、別々の場所で殺害され「行方不明」にされたのだという。[4]

さらに、海軍もまた証拠の改変と隠ぺいに積極的にかかわっていたことを証明するビデオも検察に提出された。その中にはムリージョ・カラムの姿も映っていた。さらにムリージョが検事総長であった頃、拷問が組織的に行われていたことも明らかにされた。

ロペス・オブラドール大統領政権下で事件解明を担当する「アヨツィナパ事件の真実と司法へのアクセスのための委員会」（略して「真実委員会」）代表のアレハンドロ・エンシナスは、「この事件は国家による犯罪である」と断言し、43人の学生の強制失踪と隠ぺい工作は、「政府のもっとも高位の人物から」の指示により行われたと述べた。

ムリージョ・カラムは、かの「歴史的真実」をねつ造するために、政府高官らを集めた「サ

4　La Jornada - Un coronel ordenó ejecutar a seis de los 43 normalistas

ミット」ともいうべき会合を招集したという。この会合は、２０１４年10月7日、学生らが失踪した1週間半後にイグアラ市で行われた。当時ゲレロ州担当の連邦警察長官で、現在メキシコシティ公安局長官であるオマル・ガルシア・ハルフチ、当時のゲレロ州知事アンヘル・アギレ、元連邦捜査局長官トマス・セロン（２０２３年8月時点イスラエルに逃亡中）、組織犯罪捜査局の誘拐犯罪担当部門コーディネーター、グアルベルト・ラミレス・グティエレスといった、治安当局のトップが一堂に会したとされる。これに関してガルシア・ハルフチは、当時はゲレロ州にはいなかったと関与を否定。アギレ元州知事も参加の事実はない、と否定している。[5]

ちなみにガルシア・ハルフチは、逮捕された犯罪組織メンバーの証言によれば、当時、ゲレロ州で麻薬密輸を見逃し、当局の動きに関する情報を流すのと引き換えに、毎月20万ドルを受け取っていたとされる。イグアラに駐屯する軍の将校らも、ランクに応じて組織から賄賂が支払われていた。[6]予想されたように、当局と犯罪組織は「ズブズブの関係」というやつだったのだ。

軍の関与に関して、もうひとつ驚かされることがあった。行方不明になった学生たちのうちのひとりは、スパイとして潜入していた現役の兵士だったというのだ。フリオ・セサル・ロペス・パトルツィン（25歳）は、陸軍に入隊して5年と8か月、諜報活動の任務でアヨツィナパ教員養成大学に入学して2年になっていた。学生たちの学校内外でのデモや集会など、あらゆる活動を上司に報告していた。この大学は左翼の根城とみなされ、何年も前から軍当局の諜報活動の対象となり、盗聴も行われていたのだ。フリオ・ロペスは、ほかの学生たちとともにイグアラ市に出向き、最後の報告はまさに事件が起きた９月26日夜10時。その後、ほかの学生とともに事件に巻き込まれ、行方不明にされてしまった。

軍の諜報部は、学生らが学校を出発し、イグアラでバスに乗り込むのも、すべてリアルタイムで情報を得ていたのだ。当然、学生らが警察官や犯罪者らから襲撃を受けるのを、軍の偵察役はすべて目撃し、上司に報告していた。「真実委員会」のエンシナスは、何が起きていたか軍は把握していながらなんの対応もしなかったことを批判している。軍は兵士が行方不明になった場合、捜索する義務がある。もしこのとき、軍が救援に向かっていれば、フリオ・ロペスだけでなくほかの学生の命も救えたかもしれなかった、というのだ。

毎年９月26日、行方不明学生の家族と、支援するさまざまな市民団体らが、メキシコシティの中心街で抗議のデモを行う。「生きて連れ去った、生きて返せ！」というシュプレヒコールが、通りに響き渡る。「真実委員会」は、犯人らの自白から「学生らが生きているという兆候はない」と発表したが、親たちは、「死んでいるという確実な証拠もない」と涙ながらに主張

5　https://www.sinembargo.mx/20-08-2022/4240782
6　García Harfuch recibía 200 mil dólares mensuales de Guerreros Unidos: testigo | Aristegui Noticias

する。行方不明になった人の家族は、あきらめることができないのだ。これまでに発見された遺骨から、ＤＮＡ鑑定によって身元が判明した行方不明学生は３人だけに過ぎない。

事件から９年後の２０２３年５月、アバルカ元市長に対して、アヨツィナパ事件に関しては証拠不十分だとして無罪の判決が出された。だが元市長には、アヨツィナパ事件の１年前に社会活動家らの誘拐を命じたとして、92年という実質的な終身刑が宣告されている。

メキシコでは裁判所の判断は、必ずしも「真実」や「正義」に基づいたものとは限らない。アバルカ元市長夫妻は本当に、都合のよいスケープゴートにすぎなかったのか、それとも裁判官に何らかの圧力が加わったのか？

「国家による犯罪」と断罪されながらも、処罰されるべき、より高位の人物には追及の手は及んでいない。学生らの行方もわからないままである。肩すかしのような状況が、依然として続いている。

第9章　首都のもうひとつの顔――メキシコシティ

成田から14時間の長旅の末にメキシコシティに着き、宿に落ち着いたら、最初にどこに行くか？　もちろん、なにより先にタコスの屋台に駆け付けて、サルサをたっぷり入れて、レモンを絞りかけたのを立ち食いし、さらに夜食用に路上で売っているタマレスを買って、ホテルで食べて、その翌朝以降、の話だが。

私の場合、たいていはシティの中央広場、ソカロに出かける。大聖堂の東側には、コンチェーロと呼ばれるアステカ風のダンスをするグループがいる。ダンスを披露したり、記念写真を一緒に撮らせてチップを受け取ったりするほか、薬草の束と大きな素焼きの香炉に入れたお香の煙で清めの儀礼をしてくれるのだ。メキシコシティマラソンには時期が合えばよく出ていたので、マラソンをちゃんと走れますようにとか、それからの旅が無事でありますようになどを祈って、清めをしてもらうことがある。お礼はいくらでもいい、といわれる。

広場の東側、国立宮殿の前には、たいていどこかの地方の団体が、聞き届けられない訴えを殴り書いた紙をあちこちに下げて、テントを張って何日も寝泊りしている。色が褪せかけた張り紙の訴えを読んで、ずっと前に読んだネット新聞の記事を思い出したり、あるいはそんなこともあったのかと、全然思い出せなかったりする。

国立宮殿の脇の道を入って、東側に広がる歴史地区に向かう。かつてはソカロの北東から歴史地区にかけて歩道上では、中国やベトナム製の安い衣類や雑貨などを売る露天商が所狭しと店を広げていた。しかし最近は取り締まりが厳しくなり、限られた場所で見かけるだけになった。それも、時々手入れがあるようだ。２０２０年3月、日本でのマスクの品薄が伝えられたので、帰国前にまとめ買いして帰ろうと路上のマスク売りと交渉していた最中、突然なにかを聞いた売り子が、大急ぎで商品をしまって走り出したことがあった。何?と唖然としていると、そのあとパトカーが何台も列を連ねてやってきた、ということがあった。

下町の死の女神

歴史地区に一歩足を踏み入れると、ありとあらゆる商品を売る店が軒を並べ、商人が忙しく行きかう、昔ながらの猥雑な雰囲気がそのままである。その交差点の角に立つサンタ・ムエルテ（死の聖母）の像に挨拶に行くのが、私のメキシコシティでの恒例行事だ。

ムエルテ像は、骸骨ではあるが女性の神様なので、おしゃれなドレスを毎日日替わりで身に着け、くぼんだ目で人々を見守っている。人の背丈ほどの像が、台の上に乗せられているので、初めて見たときにはかなり衝撃的だった。しかし地元の人たちにとっては、すでに風景のひとつと化しているようだ。足元のテーブルには、赤や黄色のリンゴや燭台、さい銭箱が置かれている。写真を撮ろうとうろついていると、青年がひとり来て、手を組んで熱心になにかを祈っていった。

歴史地区に立つムエルテ像。

道路の反対側に、ムエルテ像と向き合って立つのが、サン・フダス・タデオの像。日本語では聖ユダ・タダイなどと呼ばれるそうだ。とくにメキシコで人気の高い聖人で、もっとも困難な状況にある人を助けてくれるという。こちらはカトリックの正規の聖人だが、カトリック教会からは認知されないムエルテと、なぜかペアで据えられていることが多い。

サンタ・ムエルテ信仰は、２０００年代に入ってからメキシコ各地で急拡大してきた。１９９５年、私がメキシコシティに初めて住んだときには、骸骨の聖母のことは見たことも聞いたこともなかった。ずっと昔から存在はしていたが、ごく一部の人々の間でひっそりと信仰されていただけだった。それが2000年代に入って、メキシコで麻薬戦争の暴力が拡大するのと軌を一にするように、ムエルテの廟があちこちで建てられるようになった。

サンタ・ムエルテ信仰の起源に関しては諸説あるようだ。先スペイン期のメキシコでは、死者の日の祭りに見られるように、西欧の概念と異なって死をタブー視しておらず、ミクトランテクトリと呼ばれる死の神が存在していた。これが形を変えたものという説。一方、西アフリカが起源でキューバに伝わったサンテリアの影響を指摘する向きもある。起源は何であれ、そこにカトリック的な要素が加わって、今日のような骸骨の女神の姿になったようだ。庶民の間ではぐくまれてきた信仰なので、これという系統立った教義があるわけではなく、それぞれの「教会」やグループによって儀式の行い方などはまちまちだ。

骸骨の女神は、旧来のカトリック教会の神に祈っても聞き届けてもらえない、と感じる人々の願いをかなえてくれる、いわばアウトサイダーの神様。もちろん、実際の信者の多くはごく普通の商売人や主婦など、一般庶民である。しかし、シナロアのヘスス・マルベルデと同じく、違法行為に手を染める人や、死と背中合わせの日々を送る人がすがる神様であるのも事実だ。

ちなみに、マルベルデとサンタ・ムエルテは仲が悪い、という説もあるが、マルベルデの廟にムエルテの像が置かれているのを見かけたことがある。神様同士がけんかをするわけではない。争い事を起こすのは人間なのだ。かつてメキシコ北東部を中心に凶悪さで名を馳せたロス・セタスのボスらがサンタ・ムエルテに帰依し、あちこちにムエルテの廟を建てていたことがあった。宿敵のシナロアがマルベルデに庇護を求めるから、セタスはムエルテにというわけだった。軍や警察がセタスの組織を壊滅させると、そのムエルテの廟も破壊していった。

サンタ・ムエルテ信仰は、メキシコだけでなく、メキシコ人が多く移住するアメリカ合衆国など、世界各地に広がっている。その中で、ムエルテ信仰のメッカといえるのが、メキシコシティ中心街の北に広がる巨大な市場があるテピート地区だ。だが、じつはもうひとつ、古くからムエルテが深く信仰されてきた場所がある。それが、刑務所なのだ。20世紀半ば、殺人の罪で10年間、メキシコ東部の複数の刑務所に収監されていたある男性は、収監者も看守らも皆、ムエルテを信仰していたと述べている。「悪いことをしたのだから、助けてくれるのはムエルテだけだ。彼女だけが裁くことなく守ってくれる」と教えられたという。[1]

アメリカとの国境の街、シウダー・ファアレスの刑務所では、ライバルのギャング団がそれぞれ自分たちのムエルテの祭壇を持っていた。刑務所内での抗争で何人も殺害される事件が起きたときには、敵側のムエルテの祭壇にも火が放たれた。これには後日談があって、破壊された祭壇の再建に、チワワ州文化庁が文化活動の一環として資金援助をしたのだそうだ。[2] 受刑者ら

1　"De devoción tradicional a culto posmoderno. La Santa Muerte en el norte y sureste mexicano(Ciudad Juárez y Veracruz)", Vargas Montero, Guadalupe, p.113, *La Santa Muerte: espacios, cultos y devociones*, cood. Alberto Hernández, el Colegio de San Luis, 2016.

2　Ibid. p. 122.

の信仰の自由は保障されている、というわけなのだ。

ムエルテは、顔つきはいかにも恐ろしげで、ときにはドル札を全身にまとった姿だったり、おどろおどろしい長鎌を持っていたりと、悪趣味の極みのようにも見える。その一方で、ニーニャ・ブランカ（白い女の子）とか、ラ・フラカ（やせた女）といった愛称で呼ばれ、着せ替え人形のようにドレスを着せて愛でたりする人もいる。私自身も、拒絶反応を感じる一方で、どこか惹かれるところがあるのは、自分を外れ者だと自認しているためかもしれない。

ムエルテちゃん、とつい呼んでしまうようになると、なぜかメキシコ各地、旅する先々で出会ってしまうようになった。ムエルテに呼ばれてしまう？　いや単に、市場の隅のほうの薬草売り場とか、ムエルテ像がありそうな場所に入り込んでしまうからだと思うけれど…。タクシーに乗っても、ムエルテのお守りがバックミラーに掛けられているのを見つけて、話がはずんだこともあった。その運転手は、カトリックの教会では願い事がかなわなかったが、ムエルテに祈ると願いがかなって、仕事も順調にいくようになった、と語ってくれた。普通のカトリックの教会にも、クリスマスなど何かの行事の時には家族と一緒に行くという。ほかの信者に聞いても同じで、ムエルテを信じるようになっても、カトリックの信者でもあり続ける、という人は珍しくないようだ。

熱狂する祈り

1年で一番大きいサンタ・ムエルテの祭りは、メキシコシティでは11月2日の死者の日に祝われるが、毎月1日の月例祭の日にも大勢の人がムエルテの教会を訪れる。なかなか月の1日にメキシコシティにいる機会がなく、唯一行くことができたのは2014年だった。その2年前にも一度行ったことがあったのに、迷路のような市場に迷い込んで、場所がさっぱり思い出せなくなってしまっていた。そこにムエルテ像を抱えたカップルを見かけ、声をかけると教会に行くというので、ついて行かせてもらった。カップルは、メヒコ州から1時間もかけて来たのだといった。

テピートの教会に信者が持参したムエルテたち。
軽トラックの荷台を即席の祭壇にしている。

午後3時頃、教会にはすでに30人ほどの人が集まり、しばらくするとミサが始まった。司祭の衣装は、カトリックの司祭服と同じように見えた。ミサの様子もカトリックとほとんど変わらない。ギターを抱えた男がサンタ・ムエルテをたたえる歌を歌い、皆が歌う賛美歌（というのだろうか？）の伴奏をした。ミサの最期に、老若男女の参列者同士、握手を交わし合うのも、カトリックのミサと同じ。もちろん私も、戸惑い顔の周りの人たちと仲良く握手させてもらった。

カトリックと少し違ったのは、そのあと司祭が参列者にひとりずつ体に触れ、「お祓い」の儀式をしていたところ。頭、肩、腕などを触り、十字を切る。ワステカの先住民族の村で見た祈祷師のやり方と似ていた。壁に料金表が貼られていて、お祓いは３００ペソ～とある。当時の為替で日本円にすると２４００円くらい。「あなたもやってもらえるよ」といわれたが、現金の持ち合わせがあまりなく、残念ながら体験は見送った。

ミサが終わった後、司祭と少し話ができた。彼によると、このサンタ・ムエルテ教会はカトリックの一派だといい、ムエルテはもとはスペインから来た、聖書にも現れる聖人が姿を変えたものなのだそうだ（もちろん、カトリック教会はそうはいっていないが）。メキシコだけでなくアメリカ合衆国ほか世界各地に信者がいて、司祭はミサをあげるために各地に出張することがあるのだそうだ。またこのムエルテの教会では、信者のために子どもの洗礼や結婚式なども行うという。カトリックの教会では認められない同性同士の結婚式も行うというところ、やはりアウトサイダーに救済を与える場なのだ。

この教会の創始者、ダビ・ロモ氏は犯罪組織との関係を疑われて刑務所に入っているが、「彼は無実だ。カトリック教会が濡れ衣を着せたのだ」と司祭はいう。そのダビ・ロモなる人物、ネットで検索すると、誘拐団のメンバーだとして逮捕され、２０１２年に窃盗・誘拐・恐喝の罪で66年の禁固刑を受けていた。事実上の終身刑である。メキシコでは、確かに濡れ衣で刑務所に入っている人は多く、裁判結果は金次第ということがある。このサンタ・ムエルテの教会、献金には事欠かないように見えるが、実際のところはどうだったのだろう。

この日は特別なので、着飾ったムエルテの像が外に出され、輿に乗せられていた。男たちが担いで地区をひと回りすると聞いていた。しかし、司祭と話をしている間に、出発を告げるロケット花火の音がし、像を乗せた輿は行ってしまった。写真を撮ろうと大急ぎで追いかけたが、輿を担ぐ男たちは足が速く、あっという間に見えなくなってしまった。ちょっと走るとゼイハアする。こういう時に、メキシコシティの標高の高さを思い知らされるのだ。

もう1軒、テピート地区にもムエルテ教会があり、そちらの方がもっと賑わう。タクシーに住所をいい、ムエルテ教会だというと、「道路がふさがっているから、近くまでしか行けない」といわれた。それがどういうことか、着いてみるとわかった。ミサに参列する人々がざっと見ただけで数百人、道路を埋め尽くしていたのだ。その中心にある建物は、教会と呼ぶにはあまりに貧相な外観で、色あせたムエルテ像の写真がプリントされたビニールクロスが掲げてあるだけである。ここが、ドニャ・ケタと呼ばれるエンリケタ・ロメロという女性が２００１年につくった、ここテピートでは一番古いサンタ・ムエルテのための教会である。

ガラスケースに入れられたムエルテ像の周囲には、色とりどりの花がぎっしりと奉納され、道路上には参列者が持参した、形も色もさまざまな大小のムエルテ像が並べて置かれている。像のひとつひとつの前に、それぞれ花やキャンディーや、テキーラや焼酎の入ったコップなどが供えられている。参列者がほかの人のムエルテのためにお供えしていくのだ。そのために、大箱入りのキャンディーを持って来ている人もいた。この供物の交換が、社会から疎外されていると感じる人同士の交流にもなっているようだ。

人ごみのところどころからモクモクと煙が上がっている。タバコとは違う、モグサのような匂い。その煙をムエルテ像の口元に口移しで吹きかけたりしている。背中や腕に入れたムエルテの入れ墨を見せびらかせている人も目に付く。いかにも、といういかつい風情の男性たちのグループもいるが、家族連れが、それぞれ大小のムエルテ像を抱えていたりも。小学生くらいの女の子が、ピンクのリュックにムエルテ像と花を入れ、胸の前に抱えている。ピックアップ・トラックの荷台をムエルテの陳列台にしている人もいた。陸軍とおぼしき制服の若い男性数人が祈りをささげ、足早

ムエルテへの信仰心の深さを示すために、供物を抱え、膝でいざって教会まで歩む男性。

に立ち去るのも見えた。

さらに、真っ赤なバラの花束を肩に担ぎ、膝でいざって教会まで歩いていく男性。いざり歩きで膝から血を流しながら詣でるのは、メキシコの守護聖母グアダルーペ寺院でしばしば見かける。信心の深さを示すための苦行のひとつだ。よほど重大な願でもかけているのか。

群衆の所々から、左翼の集会でよく聞かれる調子のシュプレヒコールが上がった。「ムエルテはここにいる！　ムエルテを感じる！　ラ、ラ、ラ！」。ここでは、メキシコ革命の英雄、エミリアーノ・サパタではなくムエルテなのだ。確かに、反体制という共通点はある…。

ミサは、周囲がうす暗くなった頃、予定の時刻を少し過ぎて始まった。教会の持ち主のドニャ・ケタと思しき年配の女性が現れた。ごく普通の下町のおばさん、といった風情のエプロン姿だ。マイクで群衆に対して参拝の注意点などを少し話したあと、これもごく普通のジャケット姿の中年男性がマイクを取り、神の教えを説き始めた。よく聞き取れなかったが、カトリックやプロテスタント系の教会のミサでの話ととくに違いはないようだ。最後まで聞いてもこの人出ではケタさんと話をするのは難しそうだし、日が暮れて雨も降り始めたので、この危険地帯から早々に退散することにした。実際には、ムエルテのミサが終わった後も、多くの信者は夜中までそこに残っているそうだ。

バリオ・ブラボー

ドニャ・ケタのムエルテの教会のあるテピート地区では、麻薬・武器その他、違法合法問わずどんなものでも売り買いされ、「バリオ・ブラボー（荒くれ地区）」とも呼ばれる。犯罪率が高く、外国人の女がひとりで夜に歩くなど、飛んで火に入る夏の虫、襲ってください、というようなもの。緊張しながら足早に歩いて地下鉄の入り口をくぐり、電車に乗り込んで、やっと息がつけた。

テピートといえば、その名も「ウニオン・テピート」と名乗る犯罪グループの拠点でもある。日本語に訳すと、「テピート同盟」というところ。「ウニオン・テピート・カルテル」と呼ばれることもある。テピートいうメキシコシティのごく一角の地区を根城とする犯罪グループだが、シナロアやハリスコ新世代のような大規模な麻薬密輸・密売の組織と同じ「カルテル」という名がつけられている。それだけの組織力、武力、そして資金力をもつということだ。ここ数年、ハリスコ新世代カルテルが都心部に入り込み、同時に当局の取り締まりが厳しさを増し、ボスが次々に逮捕されて、弱体化してきてはいるが、十数年にわたってメキシコシティの中心街を支配してきた。この組織について知ろうと資料を読んでいたが、どうもこれには、テピートという地区の特殊性が絡んでいるらしいとわかった。スペイン人による征服の時代からのこの地区の歴史をたどる必要があるのだ。

テピートの名前は、ナワトル語のテオカル・テピトン（teocal-tepiton）、「小さな神殿」という言葉から来ている。植民地時代には、サン・フランシスコ・テオカルテピトンという名前のカトリックの教会があった。この名前が縮まって、「テピート」となったといわれる。この地域の人々は、スペイン人の植民地化に対して最後まで抵抗したという。植民地時代には、先住民族居住地区として、「習わしと慣習」による自治が行われていたが、メキシコシティのなかでももっとも住環境が悪く、貧しい区域だった。メキシコの独立以降、先住民は追い出され、今度は犯罪者らが住み着くようになった。19世紀末から自然発生的に市場が形成され始める。20世紀初めのクリステロ戦争という内戦で、戦闘を逃れてきたメキシコ中部の人たちがこの地に流れ着いた。そのなかに靴職人が多かったことから、テピートでは靴の製造販売が盛んになる。

１９５０年代以降、テピートはインフォーマルな商取引の中心地となり、路地には靴だけでなく、さまざまな露天商がひしめき合うようになった。扱う商品の幅は広がり、中古品・盗品、海賊版ＣＤやビデオ、とくにアメリカから密輸され、安価で売られるファユカと呼ばれる家電製品などが多かった。１９９４年に北米自由貿易協定で、アメリカ・カナダとの間での関税が撤廃されると、ファユカの代わりに今度は大量の中国製の偽ブランド商品が売られるようになった。違法薬物や武器はもちろんのこと。ここでは、ないものはない、といわれる。多分、前日かっぱらいに遭った、自分の携帯も。

市当局は、老朽化した長屋の建て替えや、露天商の取り締まりを行おうとしてきたが、地域にはかつての先住民族の自治の歴史や、長屋に暮らす人々の地縁・血縁による結束力があり、当局の介入に抵抗してきた。そこには独自の規範がある。「犬は犬を食わない。バリオはバリオから盗まない」[3]。これが、この地区の犯罪組織にとっての強みになっているのだ。

メキシコシティのナルコ

メキシコシティは、ほかのメキシコ国内の地域と異なり、麻薬カルテルが目立った活動をしない、比較的安全な場所だと信じられていた。首都では、それぞれのカルテルが資金洗浄などの活動をする必要があることから、なるべく目立たないよう、自重していたとされる。そのため、スリやひったくりなどはあっても、メキシコ北部や中西部などに見られるような、武装集団同士の銃撃戦などはほとんど起こってこなかった。しかし、だからといって犯罪集団がいないわけではなく、とくに2006年以降、その暴力が急速に目立ったものになってきている。

例えば、メキシコシティ国際空港。国内最大の空港で、大量の人と貨物が毎日出入りする。ここは古くからシナロア・カルテルがコロンビアからのコカインの荷受けなどに用いていて、一時はシナロア専用のジェット機格納庫まで所持していた。2007年には500kgのコカインが押収されたことで、航空貨物取り次ぎサービス会社の職員2人が裏切り者だとして殺害され、斬首される事件も起きている。

このメキシコシティ国際空港では2000年代初め、毎週1回か2回、南米からの飛行機が到着したり、ヨーロッパや米国に向けて離陸する際に、賄賂を受け取った空港職員が暗号の無線を受けていた。「45により、すべて35」。45は「上からの命令」、35は「中断せよ」を意味し、すべての警察官は、一切、身動きをしてはならない。その間に、連邦警察の「特殊グループ」が「79と40」の受け渡しを行う。79は麻薬、40は現金を意味する。この「特殊グループ」メンバーは、給料に不相応なぜいたくな暮らしぶりだったという。[4] カルデロン政権時の公安相、ガルシア・ルナは、2019年に米国で逮捕され、2023年2月、ニューヨークの連邦地方裁判所で、シナロア・カルテルから賄賂を受け取り、米国への麻薬密輸をほう助したとして有罪判決を受けた。その公判の中で明らかになった事実である。麻薬密輸組織を撲滅するための作戦を指揮するトップの座にありながら、じつは敵のはずの組織と通じていたという、これだけで新しい「ナルコス」シリーズが作れてしまうような話だ。

シナロア・カルテルは、テピートの密売人らとも関係を持っていたとされる。空港で荷卸しされた違法薬物の荷は、周辺の倉庫にいったん納められる。空港周辺には低所得階層が集住する地区があり、麻薬密売が多い。買いに来るのは、大部分が10代から20代の若者だという。そ

3　Tepito, historia del barrio bravo más icónico de México - México Desconocido (mexicodesconocido.com.mx)

4　https://elpais.com/mexico/2023-02-01/la-maleta-de-la-79-el-juicio-a-garcia-luna-revela-los-codigos-de-la-policia-para-pasar-drogas-en-el-aeropuerto-de-ciudad-de-mexico.html

ういった若者が麻薬依存になり、なかには高校に通いながら、麻薬を買う金ほしさから密売の仕事に手を染める若者も出てくる。

テピートにおいては、かつてアメリカから密輸した電化製品を販売していた時代、アメリカから来たトラックをカラで返すのはもったいない、とマリワナなどを積むようになった、ともいわれる。いずれにせよ、テピートを起点とした麻薬密輸はかなり以前からあったのだ。

メキシコシティには、複数の密売や密輸の小グループがあちこちに存在していたが、それを統合したのが、ベルトラン・レイバ・カルテルのボスのひとり、「バービー」ことエドガル・バルデス・ビジャレアルだった。バービーは2010年5月、メキシコシティ周辺のおもだった密売人らを一堂に集合させ、統合した組織の結成を呼び掛けた。その舞台となったのが、テピートの一角の目立たない貧しげな長屋。外観とは裏腹に、内部は改装されて、高級な応接セットや最新のモニターなどが備えられており、別の長屋とトンネルで結ばれていたという。ここで「ウニオン・テピート」が結成された。メキシコシティで密売をするものは、ウニオンに売り上げの一部を払うか仕事をやめるかを迫られ、歯向かうものは殺害された。バービーはその3か月後に逮捕されたが、刑務所から指示を送り、再度集会を持たせたりしている。[5]

テピートに対抗するグループは複数あったが、とくに抗争が激しかったのが、テピートから分裂してできた「ウニオン・インスルヘンテス」と呼ばれるグループ。メキシコシティの中心街の、ソナ・ロサ、コンデサ、インスルヘンテス通りといった、日本でいうと六本木や渋谷に当たるような歓楽街を支配していた。この当時、メキシコシティの犯罪組織のおもな収入源は、麻薬密売人から徴収するショバ代と、バーやナイトクラブなどから取り立てるみかじめ料だった。

ソナ・ロサなどの中心街地域での麻薬の売り上げは、週末には一晩で40～60万ペソ、[6] 日本円にすると当時のレートで３００万～４５０万円にも上っていた。テピートも麻薬密売が盛んな場所だが、低所得者居住地のテピートとソナ・ロサ辺りでは麻薬の価格に3倍もの差がある。[7] 血みどろの縄張り争いと報復合戦のなかで、無関係な若者が13人も連行され、拷問の末に殺害されるという事件も起きた。

メキシコシティももはや、麻薬戦争の戦場となったのか、と世界に衝撃を与えたのが、２０１８年に起きたガリバルディ広場の虐殺事件だ。この広場は、メキシコの伝統的な楽団、マリアッチのグループが集い、酒と食事を楽しみながら音楽が聴ける人気の観光スポットで、しかも9月14日、メキシコの中央広場ソカロで大々的に祝われる独立記念日の前夜のことである。夜10時前、広場では宴もたけなわの頃、マリアッチの衣装を着込み、楽器ケースに武器を隠した男たち６人がバイクに分乗し、広場に乗り付けた。目指すビアホールまで来ると、そこで食

5　*Narco CDMX: El monstro que nadie quiere ver.* Grijalbo, Sandra Romandía, David Fuentes, Antonio Nieto, 2019, pp.31-45.
6　Ibid. p.77.
7　Ibid. p.84.

事を楽しんでいた数人のグループに向け、銃を乱射した。ビデオには大勢の客らが悲鳴を上げて逃げまどい、音楽が鳴り止むのが見られた。この事件で、男性4人と、すぐ隣りの露店のファーストフード店で働いていた女性2人が死亡、7人が負傷した。負傷した男性のひとりは、事件の1か月後、家族に車椅子を押されて自宅から出たところを襲撃され、殺害された。

B級映画を地で行くようなこの事件から1か月半後、実行犯のひとりとされる男が逮捕され、2023年3月にようやく2人目が逮捕された。襲撃したのはウニオンのシカリオらで、襲われたのは「アンチ・ウニオン」と名乗る新興勢力のメンバーだった。この地区での麻薬密売の縄張り争いのためだった。[8]

2022年1月の新聞報道では、ウニオン・テピートのボスのひとりは、麻薬の小売りだけで月に2000万ペソ（日本円で当時1億1000万円）を得ていたという。[9]コロナ禍で外国人観光客が大きく減少しているなかでもこれだけの売り上げなのだ。ボスたちの豪遊もうなずけるが、このうちのかなりの部分が、メキシコシティ治安当局の懐に流れ込んでいるという事実がある。麻薬戦争の根絶はいかにも難しいはずだ。

首都の「見えない」戦争

メキシコでは、役所に対しては、手続きを早くしてもらいたい、足りない書類に目をつぶってもらいたい、などなにかにつけて賄賂を渡すことは、今も昔も、いわば常識のように受け止められている。しかし、マフィアに対して支払うことは、メキシコシティではそれまでなかったことだった。しかし、首都を取り巻くメヒコ州で暴力的な抗争が激化し、国内でもっとも殺人や恐喝の多い州のひとつに数えられるようになると、首都にもその影響が及んできた。２０１５年頃から、ほかの麻薬戦争の激戦地域と同じように、一般のレストランや市場の商店など、ありとあらゆる事業所に、みかじめ料の取り立てが来るようになった。

支払いに抵抗したレストランやバーのオーナーが、何人も殺害されたり行方不明になったりした。警察に訴えに行くと、自分が帰宅する前にマフィアが自宅に来ていて、訴えを取り下げないと家族を殺すと脅された、という話も伝えられる。警察は完全にマフィアに牛耳られていた。オーナーたちは、マフィアが怖く、また騒ぎが起きて客足が遠のくのを恐れて、誰も何も訴え出なかった。そのため、実際には多くの事業主が被害に遭っているにもかかわらず、表面化することはなく、メキシコシティは表向きは比較的平和であり続けてきた。[10]

8　https://www.latimes.com/world/mexico-americas/la-fg-mexico-garibaldi-20180915-story.html
https://www.infobae.com/america/mexico/2021/05/02/la-balacera-de-los-mariachis-el-dia-que-plaza-garibaldi-quedo-en-silencio/
https://www.infobae.com/mexico/2023/03/23/cayo-el-tomate-de-la-union-tepito/
9　Las novias de la Unión Tepito y su trágico final (eluniversal.com.mx)
10　Ibid. p.108.

テピートマフィアの取り立ては、貧しい人たちにも容赦がない。例えば、メキシコシティ歴史地区の南東に隣接する卸市場「ラ・メルセー」では、スタンドの物売りは週100ペソ、商店ともなると5000～1万ペソ請求されるという。市場でもっとも下層に位置するのが、手押し車で荷物運びをする人夫だが、そのような人すら毎日10ペソを取り立てられているという。[11]ほかに、暮らしに困った人に少額を貸し付け、高利で暴力的に取り立てをする恐喝も広く行われている。これも、マフィアの資金源のひとつである。

2022年の報道によれば、メキシコシティでは10余りの犯罪グループが活動し、しのぎを削っているという。空港に入った違法薬物は、一部は首都圏で小売りされ、大部分が北の国境を目指す。ほかの空港や港などから入った麻薬も、一部は首都に来る。ちなみに、違法薬物や武器の搬送には、卸売市場に入る大型トラックの野菜などの木箱に紛れ込ませたり、エックス線検査のない長距離バスを利用したりするほかに、地下鉄を利用する、ということもあるようだ。とくに、違法薬物の集積地のあるテピートへは、搬入・搬出に、当局によるチェックのない地下鉄が使われることが多いという。安くて便利な庶民の足の地下鉄で、そのうちナルコ同士の銃撃戦が起きるかも？　考えたくはないが。

テピートのナルコ・カルチャー

首都で活動する犯罪組織は、豊富な資金源に恵まれている一方で、さすがに目立つため、ボスの座に就いたものはすぐに逮捕されたり、ライバル組織に殺害されたりし、入れ替わりが激しい。もっとも、逮捕されても刑務所内から組織に指示を出していたり、数年で出所してしまったりもするところ、司法当局がいかに賄賂浸けにされているかがうかがえる。

２０１９年12月、警察がテピート地区の隠れ家になっていた長屋を強制捜査し、50キロの覚せい剤原料、２・５トンものマリワナ、20キロのコカインなど大量の麻薬と、ロケットランチャーや手りゅう弾などを含む多数の武器を押収したことがあった。長屋からは複数のトンネルが掘られ、別の長屋と結ばれていた。捜査の目的だった、テピートのボスのひとり、「ルナーレス」ことオスカル・アンドレス・フローレス・ラミレスには逃げられてしまったが、この手入れで31人を組織メンバーである疑いで拘束することができた。メキシコシティの公安局長官オマル・ガルシア・ハルフチが誇らしげに記者会見したが、その２日後、31人のうち27人は釈放されてしまった[12]。逮捕の手続きに問題があったため、とされたが、背後で組織との間で取引きがあったことは想像がつく。

この強制捜査のニュースが流れたとき、衆目を集めたものがほかにもあった。隠れ家の長屋

11　Llegó la Central, luego la Unión Tepito, después el fuego. Y ahora, en La Merced temen al Gobierno - SinEmbargo MX
２０１９年の記事で、当時１ペソ約５・７円だった。

12　La SCC realiza operativo a unos metros de "La Fortaleza", sitio donde detuvieron a 31 de La Unión Tepito - SinEmbargo MX

の一室に、おどろおどろしいサンテリアの祭壇が設けられていたのだ。儀式のための様々な彫像や仮面が飾られ、そして大量の人骨とおぼしき頭蓋骨やその断片が見つかった。ルナーレスが帰依していたのは、サンテリアの一派でパロ・マヨンベというものらしい。サンテリアは、奴隷としてキューバに連れて来られた西アフリカのヨルバ人の民俗信仰がカトリックなどと習合してできたものである。メキシコにはすでに植民地時代から入っていたが、異端とされ、ほとんど消滅していた。

サンテリアが再びキューバから入ってきたのは20世紀半ばで、エキゾチックなまじないやお払いの儀式に、最初はメキシコのエリート層がひきつけられた。1980年代に、キューバ系アメリカ人でサンテリアの司祭を名乗るアドルフォ・コンスタンソという若者がメキシコに来て、麻薬の密売をしながらカルト集団を結成し、人気を博して、有名人や政治家から麻薬マフィアまでが訪れるようになった。この男は、まじないの力を強めるためとして、通りすがりの人々を誘拐して拷問し、殺害し、神へのいけにえにしていた。1989年に連続殺人が発覚し、メキシコシティの高級マンションに隠れているところを警察に包囲され、仲間に自分を撃たせて自殺した。27歳の若さだった。[13] 犠牲者の数は、10数人とも20人以上ともいわれる。

ルナーレスの祭壇でも、司祭が神にささげるために敵対グループのメンバーを殺害させていた、という報告がある。本来のサンテリアは、動物を犠牲にすることはあるようだが、このような残虐な行為は、ナルコという特殊な環境にいる一部の人々が作り上げたものなのだろう。

テピートの恋人たち

もうひとつ、テピートのナルコ・カルチャーとしてマスコミを賑わせたのが、「テピートの恋人たち」と呼ばれる若い女性たちだ。ルナーレスをはじめ、ウニオン・テピートのボスや幹部らの恋人たちである。ルナーレスには妻がいるが、同時に複数の恋人もいた。ナルコの世界では一夫多妻はごく普通のことだ。大部分が地元テピートの出身で、セクシーなミニドレスに身を包み、ピンクやゴールドのライフル銃を掲げて、そろってポーズを取る写真もある。そのスタイルは、メキシコ北西部、シナロアを中心とした「ブカナ」と似ている。ブランドロゴがごてごてと入った衣類やバッグ、靴、高価なアクセサリーを身に着け、一流クラブに出入りし、さらに豪華な海外旅行を楽しんだりもしている。「novias de Tepito」で検索すれば、大きな曲線を描くヒップラインを強調するポーズを取り、丸いボールを並べたようなバストを見せびらかす若い女性の写真がいくらでも出てくるだろう。シリコンを詰め込んだその身体は、個人的にはグロテスクで痛々しいとしか思えないが、エロマンガのような姿に自ら身体改造するのは、金持ちナルコのトロフィーの座を勝ち取った自分を見せびらかすためなのだ。

その何人かは、テレビのリアリティー・ショーに出演していたことでも注目された。メキシ

13　Quién fue Adolfo Constanzo, el narcosatánico de Matamoros que horrorizó por sus crímenes - Infobae

コ北部でナルコの妻や恋人としてのステータスは、美人コンテストの優勝者であることだが、テピートでは、「テレビに出ている」ことのようだ。

彼女たちの多くは、ボスたちのパーティーに同伴するだけでなく、麻薬密売など、組織の活動にも積極的に関わっていた。そのため、多くが敵対組織に殺害されたり、警察に逮捕されたりしている。

日常と化す犯罪

メキシコシティの中心街近くの安宿に泊まっていたときのこと。ある朝、ランニングに行こうと、まだ薄暗いうちに宿を出ると、宿の前の公園で、パトカーの赤いランプがぐるぐる回り、小さな人だかりができているのが見えた。何事?と近づいてみると、男性が倒れて血を流している! 殺人事件!? 野次馬に何があったのか、とたずねても誰も「知らない」としかいわない。心臓はドキドキ、半ばパニックになりながら、近くの新聞売りのおじさんに話しかけると、「酔っぱらいの喧嘩だ」といい、この地区は治安が悪いから用心しないと、あなたも気をつけなさい、というだけ。その落ち着いた様子に、慌てるようなことではないのか、とそのままジョギングに。1時間ほどして帰ってきたが、公園の死体はまだそのままで、野次馬の姿はなくなっていた。シートをかけられ、周りに黄色い立ち入り禁止テープが張り巡らされただけで、パトカーも警察官の見張りもない。少し離れた公園の隅で、若い女の子たちが数人、ベンチに座り、酒か何かで酔っぱらっているのか、ケラケラと笑い声をあげているのが見えた。

人ひとりが命を絶たれたというのに、誰もさして気に留めることなく、警察さえも無関心に見える。実際には、人手不足と予算不足で、遺体を搬送するための救急車を手配することができなかったのかもしれないが。殺された男性の家族が見たら、どう思うだろう。しかし運よく家族が見つかれば、の話だ。メキシコ各地の遺体安置所には、引き取り手を待つ身元不明死体が文字通り山積みで、検死官の仕事がまったく追いついていない実態がある。

犯罪や人の死というものが、テレビの中の出来事のように、あまりに日常になりすぎている。だが不幸や不運は、いつも他人にだけ降りかかるものとは限らない。理不尽な不幸は、誰の身にも、私の身にも、いつ起きてもおかしくない。行方不明者や犯罪被害者の家族らが、正義と平和を求めてデモをするとき、自分や自分の家族もまた、同じ立場で叫んでいるかもしれないのだ。現実から目をそらし続けることはできない。この悲しみと絶望のスパイラルから抜け出す方法を、ともに考えていかなければならない。

エピローグ

この「エピローグ」の原稿を書こうとしていた2023年6月末、ミチョアカンの元自警団リーダーのひとり、イポリト・モラが殺害されたというニュースが流れた。モラを自宅に訪ね、インタビューしたのは2016年9月（第4章）。フェイスブックにしばしば近況をアップしているのを見ていたので、ずっと身近に感じていただけに、ショックだった。

自分のレモン農園から自宅に戻る途中で、武装グループの襲撃に遭ったという。防弾仕様のフロントガラスも貫く膨大な数の銃弾が撃ち込まれ、さらに車両には火が放たれた。同行していた3人のボディーガードも殺害された。

ドン・イポリトと呼ぶのがふさわしい、気概に満ちた人物だった。ドン・イポリトのFBページには、最近は政治関係の話はなく、家族や友人と会ったといった和やかな話題が続いていたが、ある日、焼け焦げたトラックとともに写った自分の写真を上げていた。とくに説明もなく、意味がわからなかったが、後で調べると、前年の11月にも、さらに今年の3月にも、武装グループの襲撃に遭っていたのだ。２０１６年当時も、ドン・イポリトは常に命を狙われる身で、政府から派遣されたボディーガードが24時間付き添っていた。自身の自警団を解体し、武力抗争から遠ざかり、政治活動からも距離を置いて、年齢的にもそろそろご隠居か、と見えていたのに、なぜ命を狙われ続けなければならなかったのか？

ドン・イポリトは地元ラ・ルアナで、農家が犯罪組織に脅かされずに、自由に働けるようにと主張していた。現政権は犯罪組織を保護している、とも訴えていた。地域で勢力争いを続けるハリスコ新世代カルテルと、地元の中小の組織が組んだ「カルテル連合」の両方から憎まれていたという。殺害方法の残虐さ、執拗さからも、その憎悪のほどがうかがえる。

地元での犯罪組織の資金調達方法は、さらに巧妙になっていた。例えばレモン農家が収穫物を集荷場で卸業者に売ると、キロ当たり例えば３％の「手数料」を引いて支払われる。地元の商店で売られる生活必需品などにも、同じ業者が「手数料」をかける。この卸業者がカルテル連合の仲間で、その「手数料」が組織の資金源になっているのだ。ドン・イポリトはそれを当局に訴えたが、政府も警察も何も動こうとしなかったという。[1]

犯罪組織による公務員の買収と経済支配といった、目立たない、裏の世界での活動が拡大する一方で、その縄張りを巡って襲撃事件も各地で起きている。われわれのところに伝わってこ

1　https://www.dw.com/es/los-gobiernos-de-morena-protegen-al-crimen-organizado-hip%C3%B3lito-mora/a-66086109

ないだけなのだ。これはミチョアカンに限らない。メキシコの麻薬戦争は、終わる気配すら見えない。

モラ殺害の翌週、折しもメキシコシティでは、ロペス・オブラドール大統領が自身の選挙勝利5周年を祝う行事を大々的に行っていた。これに対して、ミチョアカンの暴力の中心地である「熱い土地」地方では、アパツィンガン市のクリストバル・アセンシオ司教がこう苦言を呈した。

「にぎにぎしく当選祝いをする代わりに、追悼の日を発布してはどうなのか」「暴力を前にして、われわれは感性を失いつつある」[2]

まさに、政治と組織犯罪の暴力の現状を象徴する言葉だった。政治家たちは、自分たちの権力の維持にばかり躍起になり、パンデミックからの経済の回復など、良い面ばかりを報道させる。その一方で、麻薬戦争と呼ばれる暴力的状況はまったく変わらない。政治家たちには、暴力にさらされる民衆の苦悩など見えていないかのようだ。ロペス・オブラドール政権になって以来、殺人件数はずっと高止まりしたままだ。2022年度は殺人件数が減少した、政策の成果だ、と大統領は発表したが、減少数は誤差の範囲内ともいえるほどの数だ。ミチョアカン、ゲレロ、タマウリパス、チアパスほかメキシコ各地で、あちらでと思えば次はこちらで、毎日のように武装集団の銃撃戦があり、襲撃事件があり、その陰では何人もの若者が拉致され行方不明にされている。死者数が多ければ報道されるが、警察発表以上の詳細は報じられないことも少なくない。

政府も、マスコミも、世間も、すでに「戦争慣れ」してしまったのか？「数字」と化してしまった一人ひとりの命の重さ、大切な人を失った家族の痛みがどれほどのものか、想像することを忘れてしまったかのようだ。

終わりの始まりはいつ？

悲惨な暴力のスパイラルが始まって、すでに17年である。死者、行方不明者、暴力を逃れて他の都市やアメリカ合衆国に移住した、実質的な戦争難民も、年を追うごとにその数は積み上がっていく。行方知れずの息子や娘を探す母たちの、苦痛のうめきも。

このようなメキシコの状況を語るとき、必ずといっていいほど返ってくるのは、「どうしたらこの麻薬戦争は終わらせられるのか？」という質問だ。政治学者でも犯罪学者でもない私には、あらかじめ用意できる答えなどないが、そもそもそれほど簡単に答えられるものなら誰も苦労はしない。ロペス・オブラドール現大統領は、「銃弾ではなく抱擁」として、犯罪組織に対して武力で抑制するという方針を転換し、社会政策によって暴力を根源からなくしていくの

2 https://elpais.com/mexico/2023-07-04/el-obispo-de-apatzingan-estamos-perdiendo-la-sensibilidad-ante-la-violencia.html

だとした。高名な政治学者らが知恵を絞った政策だったはずだが、効果はまったく上がっていない。方針を転換すべきだ、という声は各所から上がっている。だが、では具体的にどうすればﾞ?という問いに、明確な答えは出てこない。

考えるべきポイントとして、次の4つが挙げられるだろう。まずひとつ目は、これはメキシコだけの問題ではないということ。国際問題なのだ。2つ目は、不処罰の源泉となる賄賂と汚職。3つ目が武器。そして4つ目が資金洗浄である。

2000年代以降、組織の資金源は多様化しているとはいえ、やはり麻薬密輸は依然として大きな割合を占めている。これは、例えばコカインなら、生産国の南米ペルーやボリビア、コロンビア、中継国の中米諸国、そして消費国のアメリカ合衆国やEU諸国という長くて複雑なつながりを見る必要がある。メキシコにとっては、3000キロもの長い国境で接するアメリカ合衆国が、違法薬物をコントロールしないことには、麻薬密輸は終わらない。最終消費地である米国に依存者がおり、需要があり、それが違法である限り、麻薬戦争は続く運命にある。

次に挙げた汚職の問題は、すでに「ソデの下」を贈る文化や慣習といったレベルを超えている。ナルコ経済を支える重要なシステムである。かつてカルデロン元大統領の右腕として麻薬戦争を指揮する立場にありながら、犯罪組織から巨額の賄賂を受け取っていたとして、のちにアメリカの法廷で有罪判決を受けた元公安相へナロ・ガルシア・ルナの公判で、証人のひとりは、「政府の支援なしにカルテルは機能しない」と述べた[3]。麻薬密輸は、警察・軍・役人らが賄賂漬けになっていることが前提の活動なのだ。ナルコの賄賂は、アメリカの麻薬取り締まり当局にも及んでいる。

麻薬資金によって、治安当局が犯罪者たちを取り締まらなくなることで、麻薬密輸だけでなく、そのほかのあらゆる犯罪に対しても不処罰が横行することになる。恐喝、強盗、みかじめ料の取り立て、誘拐、人身売買、強制売春、燃料の違法売買、鉱山の違法採掘、森林の違法伐採などなど。犯罪組織は金になるものならなんでも支配するようになり、性暴力も横行する。行政も警察も、犯罪組織の「金か銃弾か？」の脅しを前に、その支配下に入るしかないのが現状だ。

メキシコの犯罪組織は国内のどれくらいの領土をコントロール下に置いているのか？ 30〜35％[4]という数字もあれば、81％[5]とするものまである。どのような状況を「コントロール下に置く」という定義にもよるかもしれないが、メキシコ市民の大部分が、犯罪組織の影響下にある行政や治安当局の下で日々の暮らしを送っているのは確かだ。

3 https://www.sinembargo.mx/01-02-2023/4319782
4 https://www.elfinanciero.com.mx/nacional/controla-el-narco-hasta-35-del-territorio-en-mexico-alerta-eu/
5 https://oneamexico.org/2023/06/19/crimen-organizado-controla-el-81-del-territorio-nacional-ciudad-de-mexico-es-epicentro-con-216-mas-grupos-criminales-que-el-resto-del-pais/

大量の武器と資金の流れ

３つ目、汚職と並んで犯罪組織に欠かせないのが武器である。犯罪組織が使用する高性能な武器は、いったいどこから来ているのか？ これも、北の隣国の事情が大きく反映されている。メキシコの犯罪現場で押収された銃の70～90％は、米国から密輸されたものである。そのうち7割はアメリカ製、残りはＥＵ製だがアメリカに輸入され、販売されたものだ。高性能なライフルや機関銃が大量に、極めて容易にメキシコに流入している。まさに、アメリカ人が売る武器でメキシコ人が血を流すという構図である。カルテルと軍・警察が対峙した際には、カルテルの武力の方が国の治安当局のそれより上回っていることさえある。メキシコの犯罪組織は、アメリカの銃器メーカーにとって極めて重要なお得意様だ。もしこれがなかったら、アメリカの銃器販売業者の半分近くは倒産するだろうとさえいわれる。銃器製造の老舗、コルト社は、メキシコのナルコ好みのゴールドの装飾を施し、スペイン語で銘を入れた35口径の高級ピストルまで製造している。[6] メキシコ政府はこれまでたびたび、米国に武器販売の統制を申し入れたが、米国内での反発は依然として根強い。

最後に、犯罪組織について回るマネーロンダリングの問題。メキシコの麻薬密輸組織の売り上げは、推定で年間３００億ドルにも及ぶとされる。[7] ナルコだけでなく、政府高官らも、やましい出どころの多額の資金を手にして、どこに隠すかを考えなくてはならない。組織犯罪に関する専門家であるコロンビア大学のエドガルド・ブスカリア教授は、国際的組織犯罪の活動を阻止するためには、この資金洗浄のプロセスを解明し、資金の流れを絶つことが欠かせないと主張する[8]。

犯罪組織などが不法に得た収入を合法的なものに見せかけるためには、一般に次の3つの段階を踏むという。まず、現金を小口の銀行口座に預け入れる。現金取引きの多いレストランやガソリンスタンド、駐車場、建設業者などを利用して、売り上げと見せかけて小口で銀行に入金させる。カジノも、マネーロンダリングの格好の舞台だ。さらにメキシコでは競馬も、ナルコらに好まれる趣味のひとつだ。レースに賭けるだけでなく、馬主として名を上げたボスもいる。趣味と実益を兼ねていることは疑いない。

次の段階では、多くの場合、資金は国外に移され、タックスヘイブンの口座で投資信託を売買したりする。いくつも銀行口座を経由して、出所を追跡しにくくするのだ。そして最終段階として、各所に預けていた資金が合法的な資金として利用される。しばしば米国やEU国内などで、不動産や高級品を購入したり、高い利益率が望める企業活動へ投資したりもされる。シ

6 https://elefanteblanco.mx/2021/08/05/hasta-90-de-armas-aseguradas-en-escenas-criminales-de-mexico-provienen-de-eu/
7 https://www.bbc.com/mundo/noticias-america-latina-42998699f%C3%A1cil%20para%20el%20narco,el%20c%C3%ADrculo.%20...%203%20%22Hay%20muchos%20mitos%22%20
8 Buscaglia, Edgardo, *Lavado de dinero y la corrupción política: El arte de delincuencia organizada internacional*, Debate, 2015

ナロアやミチョアカンでは、広大な農場や牧場に投資されることもある。こうしてナルコは、地元では寛大な起業家として敬意を集めることになるのだ。

こういった資金洗浄は、世界の一流企業や高額所得者、政治家などが、払うべき税金を回避するために、法律や金融の専門家を雇ってやっていることと同じである。パナマ文書やパラダイス文書、パンドラ文書などでマスコミにリークされ、租税を不当に回避していることが判明しても、大手企業は「法的にはなにも問題はない」というだけである。倫理的な問題はともかく、合法の範囲での節税対策、というのだ。マネーロンダリングの防止は、犯罪組織やテロ集団の活動を阻止するうえでなにより重要だが、これに反対する立場の人たちがいる。租税逃れをしたい資本家や、犯罪組織から資金援助を受けている政治家などである。対策法が強化されても、必ず抜け穴は存在する。犯罪組織らも専門家を雇い、ひとつの手口が規制されれば別の手口と、フレキシブルに対応しているようだ。

合法化は救いの神か？

麻薬密輸の問題に関しては、これまではもっぱら生産者と密輸組織にばかり焦点を当てた対策が講じられてきた。しかし、生産者がいるから消費者が生まれるのか、それとも消費者が要求するから生産されるのか？　このニワトリが先かタマゴが先かの議論では、もっぱら、タマゴばかりが悪者にされてきた。米国主導で、南米の生産地でコカ畑に枯葉剤が撒かれ、メキシコの山間のケシ畑に火が放たれてきた。そしてメキシコの密輸組織を制圧すべく、「メリダ・イニシアティブ」などによって米国政府はメキシコ軍に、武器やら装備やらを提供してきた。その結果が、現在のメキシコでの悲惨な状況である。

２０１０年代から急拡大して、米国で何万人もの中毒死者を出して問題になっている合成ヘロイン、フェンタニルに関しても、原料の輸出国の中国と、その製造と密輸を行うメキシコに対して、米国政府は強い圧力をかけてきた。メキシコは協力を承認したが、中国はきっぱりと反発した。「ナイフは野菜を切るのにも、人を殺すのにも使われる。もし誰かがナイフで人を襲ったら、ナイフの作り手が責められるのか？」、「問題は、"made in the USA"である」[9]。米国がどう反論しようと、中国の言い分のほうに一理あり、という人は少なくないだろう。ニワトリがいなければタマゴは生まれないのだ。麻薬を使用する個人とその社会の問題を抜きにして、麻薬密輸問題を語ることはできない。

麻薬の消費地での問題の解決法のひとつとして、近年各国で進んできたのが、麻薬の合法化である。とくに毒性が比較的低いとされるマリワナに関しては、違法として組織犯罪の資金源

9　https://elpais.com/mexico/2023-06-01/china-rechaza-las-sanciones-financieras-de-ee-uu-por-la-crisis-del-fentanilo-nos-intentan-culpar-de-sus-propios-problemas.html

とするよりも、合法化して、アルコールやタバコと同様に課税した方が合理的だという考えが支持されるようになってきた。メキシコでも、マリワナの合法化法案が２０２１年に下院で可決している。

世界最大の消費地であるアメリカ合衆国では、この10年の間にマリワナ使用の合法化に舵を切る州が続いている。２０２３年時点で、医療目的に限定する州も含めると、すでに7割以上の州で合法化されている。米国内の温室でマリワナが合法的に栽培され、薬局などで販売されるようになったことで、それまで米国人のために大量に供給していたメキシコの栽培農家や密輸マフィアは大打撃を受けた、はずだ。だが、それで組織犯罪による暴力は減少したか？　残念ながらほとんど期待したような効果は表れていない。マリワナはもともとかさばる割に単価が安く、利益率は低いため、マフィアにとって大きな収益源とはなっていなかったのだ。メキシコからの密輸量は、この10年の間に約1割にまで減少している。マリワナの密輸量が減少するのと反比例するかのように、覚せい剤、ヘロイン、ヘロインにフェンタニルを混合したものなどのメキシコ国内での生産は倍増し、南米で生産されるコカインの流通量は増え続けている。[10]合法化の効果としては、マリワナ所持の罪で刑務所に入る若者が減ったことくらいだろう。

マリワナの合法化が組織暴力の軽減に結びついてない、という現状を前に、ならばほかのコカイン、ヘロイン、覚せい剤など、ハードドラッグと呼ばれる麻薬も、いっそ合法化してしまうしかないのではないか、という意見もある。イタリアマフィアを追う高名なジャーナリスト、ロベルト・サヴィアーノも、さまざまな議論がある中で、「合法化がひとつの解決策になりうるのではないか」[11]とその著書で述べている。その意見は正しいかもしれないし、そうでもないかもしれない。いずれにしても、アメリカなど消費国の反対する勢力が、そう容易に理解を示すとは思えない。

国や地域によっては、麻薬依存を取り締まりの対象ではなく健康上の問題ととらえ、依存者に対して、例えばヘロイン依存者にはＨＩＶ感染を予防するため、注射器を新しいものと無料で交換する、必要に応じてカウンセリングを行うなどの制度が設けられていたりする。「ハーム・リダクション（被害の軽減）」と呼ばれる方策である。これによって、依存者の数を減らすことに成功している国もある。それがどれほど麻薬の密輸や密売の減少に結びつくかはわからないが、ひとつの方向性となるかもしれない。

だがその一方で、現状のメキシコでは、すでに麻薬密輸以外からの収入の方が多い組織も少なくない。たとえ麻薬密輸がなくなる、あるいは減少したとしても、武器の供給、汚職と不処罰という問題が同時に解決されない限り、そして不平等と貧困という問題が存在する限り、暴

10　https://www.dw.com/es/legalizaci%C3%B3n-de-marihuana-en-m%C3%A9xico-no-afectar%C3%A1-los-negocios-de-los-carteles-de-la-droga/a-56859353
11　ロベルト・サヴィアーノ、『コカインゼロゼロゼロ――世界を支配する凶悪な欲望』関口英子・中島知子訳、河出書房新社、２０１５年、p.505.

力と犯罪を根源から絶つのは難しいだろう。

「休戦」の呼びかけ

「戦争は始めるより終わらせる方が難しい」とよくいわれる。しかも、国家間の戦争のように、国家のトップ同士が交渉し、握手をすれば、そこで一応の終止符が打てる戦争とは異なる。メキシコの「麻薬戦争」と呼ばれる現在の状況の中では、暴力の主体となる集団が多すぎ、地域によってはその勢力地図がジグソーパズルのように入り組んでいる。

今日のメキシコがさらされている暴力的な状況は、もともとその地政学的な条件が根源にある。そして麻薬密輸も武器の密輸も、さらに資金洗浄も、裏の世界にありながら、すでに世界経済を支える巨大な資金の流れの中に組み込まれている現状では、根絶は容易ではない。それでも、現在の極度の暴力のレベルをある程度下げることならば可能かもしれない。

今年6月、戦闘服に身を包み、ライフルや機関銃を掲げた集団の前に立ち、ひとりの覆面の男がコミュニケを読み上げた。

「われわれは休戦協定に応じる用意がある。…組織が弱体化したわけなどでは決してなく、メキシコに平和と平穏をもたらすためだ。われわれはみなメキシコ人であり、父も母も子どももきょうだいもいる。われわれも人間である」[12]。

メキシコ北東部タマウリパス州を中心に勢力をもち、残虐さで知られたロス・セタスの分派である「カルテル・デル・ノロエステ（北東カルテル）」が、大統領に向けて送ったビデオメッセージである。大方のメキシコ人には「ギャグか？」ととらえられ、ロペス・オブラドール大統領も、「犯罪組織とは和平交渉は行わない」、と断言した。だが、本当にそうなのか？

組織犯罪と汚職を長年追ってきたジャーナリスト、アナベル・エルナンデスによると、歴代政権も現政権も、ずっと犯罪組織と交渉を行ってきたという。現在の与党、国民再生党（Morena）は２０２１年６月の総選挙の際、与党候補が勝利した州では、それぞれの地域を支配する犯罪組織との間で和平交渉を行っていた。組織が殺人その他の犯罪を減らすことと引き換えに、麻薬の製造や密輸に目をつぶるというものである[13]。かつてメキシコ国家を70年以上もの間、一党独裁下に支配してきた制度的革命党（ＰＲＩ）の時代にやっていたのと同じ取引きである。これが、政権とナルコの癒着を招き、ナルコの拡張を助長したと批判される。

しかし政治とは、たたかう前に交渉をすることである。民間の各業界と利害の調整を行うのも、政府の重要な仕事だ。これほど影響力の強い業界の代表者らと、話し合いをしないわけが

12　https://www.proceso.com.mx/nacional/2023/6/23/en-cordial-mensaje-amlo-cartel-del-noreste-ofrece-tregua-para-frenar-la-violencia-video-309347.html
13　https://www.dw.com/es/amlo-y-las-negociaciones-con-el-narco/a-58019228

ない。そこからの莫大な、申告されない「献金」が問題になるのだが。

だが今回の、ナルコとの「休戦」の呼びかけは、もとは別のところから出てきた。メキシコ北東部で行方不明の家族を探す母親たちの団体のリーダーが、地域を支配する組織に対して、母親たちが安全に家族の捜索ができるよう、攻撃しないようにと呼びかけたのだ。メキシコ北部でしのぎを削っていた複数のカルテルがそれに応じ、一般市民には危害を加えない、とのメッセージを出した。呼びかけた団体の代表、デリア・キロアによると、それ以来、被害者が埋められている秘密墓地の場所を告げるメッセージが以前より頻繁に届くようになり、また抗争で死者が出た場合も、遺体を持ち去らず、放置することが多くなったという。[14] 行方不明の家族を探す母親たちの痛みが、少しは伝わったといえるだろう。

ここでは「休戦」といっても、母親たちの団体との間に限られるが、犯罪組織の側から「休戦」「和平」の言葉が出てきたことは注目すべきかもしれない。誰しも、犯罪者たち自身も、理不尽な暴力のスパイラルから出口を求めているのだ。根本からの解決は及ばないとしても、暴力のレベルを下げることは可能だろう。「ハーム・リダクション」である。

始まりがあれば、いつか終わりは来るはずだ。大統領の一声をきっかけに始まった暴力の連鎖を鎮めるためのイニシアチブをとるのは、もしかしたら苦しみを乗り越え、声を発した勇気ある女性たちかもしれない。

メキシコの麻薬戦争の犠牲者について語る場で、もうひとつよく聞かれるのが、「われわれ日本人に何ができるのか?」という問いである。まずは、なにが起きているのか、どれほどの過酷な人権侵害が放置されているか、知ってもらいたい。世界中の多くの人の目が注がれることは、暴力や不正の抑止につながるはずだ。

そしてなにより、自らが加害者にならない、ということだ。違法薬物の流通には、必ず犯罪組織がかかわっている。ほんの軽い気持ちで手を出した麻薬は、自分の健康に害を及ぼすだけではない。自分の手に届くまでに、生産国や密輸の経由国で、何人もの若者が血を流し、行方不明にされている、という事実を心に刻んでもらいたい。

14 https://www.infobae.com/mexico/2023/07/20/asi-respondio-el-narco-al-acuerdo-de-paz-solicitado-por-buscadoras-en-tamaulipas/

謝辞

本書の多くの章は、日本ラテンアメリカ協力ネットワークの会報誌「そんりさ」に掲載したものに加筆修正したものである。
それぞれ初出は以下の通り。
序章…「そんりさ」１５１号（２０１５年１月）
第１章…「そんりさ」１７４号（２０２０年10月）
第２章…「そんりさ」１６２号（２０１７年10月）、１６３号（２０１８年１月）、１６４号（２０１８年４月）
第３章…「そんりさ」１７４号（２０２０年10月）
第４章…「そんりさ」１５９号（２０１７年２月）
第５章…「そんりさ」１６０号（２０１７年４月）
第６章…「そんりさ」１７２号（２０２０年４月）
第７章…「そんりさ」１７２号（２０２０年４月）
第８章…「そんりさ」１５５号（２０１５年10月）、１５６号（２０１６年４月）
第９章…「そんりさ」１５１号（２０１５年１月）

「そんりさ」編集の新川志保子さん、小林致広さんほか、メンバーの皆さんにはたいへんお世話になりました。私のメキシコの冒険の旅の手記を書く機会を与えてくださったことに感謝いたします。

また本書の一部は、畑惠子・浦部浩之編『ラテンアメリカ　地球規模課題の実践』、新評論、２０２１年、「第11章　石を動かし、国を動かす――メキシコ麻薬戦争の行方不明者を探す女性たちのたたかい」山本昭代（pp.265-285）で書いたことと重複する部分もあります。

さらに、メキシコの多くの友人たちに、様々な情報やアドバイスをいただきました。なかでも、２０１８年8月に日本に招聘し、スピーキングツアーを行ってもらったベラクルス州の行方不明者の母たちの会「ソレシート」代表、ルシア・ディアスさんには、会のメンバーだけでなく、各地の家族会のリーダーたちにつないでもらいました。ルシアさんの支援と友情に、心から感謝いたします。**Te agradezco muchísimo, mi amiga Lucía.**

メキシコの各地で、行方不明の子どもや兄弟や夫を探す何人もの女性たちが、思い出すのも辛い話を私に語ってくれました。もらい涙をしたことも一度ではありません。しかし、皆、自分の話を聞いてほしい、日本にいる人たちに、メキシコで何が起きているのか知ってもらいたいという、その思いから、口を開いてくれたのでした。その思いを、何とかしてかたちにしたい、早くしなければ、と思いながら時間ばかりがたち、ようやくここにまとめることができました。

本書の出版を引き受けてくださった風詠社の大杉剛さん、編集の高山富士子さんにも心より御礼申し上げます。

山本　昭代（やまもと あきよ）

兵庫県出身。大学卒業後、出版社勤務、フリー編集者を経て、1994年から3年間メキシコに留学。1997年社会人類学高等調査研究センター（CIESAS、メキシコシティ）修士。2005年東京外国語大学地域文化研究科博士(学術)。現在、慶應義塾大学ほか、非常勤講師。
著書に『メキシコ・ワステカ先住民農村のジェンダーと社会変化――フェミニスト人類学の視座』（明石書店、2007年）など。訳書に『メキシコ麻薬戦争――アメリカ大陸を引き裂く「犯罪者」たちの叛乱』（ヨアン・グリロ著、現代企画室、2014年）がある。

ナルコ回廊をゆく ―メキシコ麻薬戦争を生きる人々―

2023年10月31日　第1刷発行

著　者　山本昭代
発行人　大杉　剛
発行所　株式会社 風詠社
〒553-0001　大阪市福島区海老江5-2-2
大拓ビル5 - 7階
Tel 06（6136）8657　https://fueisha.com/
発売元　株式会社 星雲社
（共同出版社・流通責任出版社）
〒112-0005　東京都文京区水道1-3-30
Tel 03（3868）3275
装幀　2DAY
印刷・製本　シナノ印刷株式会社

ISBN978-4-434-32765-0 C0095